Die Arbeitswelt im Wandel

Mönchengladbacher Gespräche

21

Veröffentlichungen der
Katholischen Sozialwissenschaftlichen Zentralstelle
Mönchengladbach

Anton Rauscher, Hg.

Die Arbeitswelt im Wandel

J. P. Bachem Verlag Köln

Die Deutsche Bibliothek – CIP-Einheitsaufnahme

Die Arbeitswelt im Wandel /
Anton Rauscher, Hg., – Köln : Bachem, 2001
(Mönchengladbacher Gespräche ; 21)
ISBN 3-7616-1503-5
NE: Rauscher, Anton [Hrsg.]; Mönchengladbacher Gespräch:
Mönchengladbacher Gespräche

Einbandentwurf: Bettina Dyhringer, Köln
Satz und Redaktion: Katholische Sozialwissenschaftliche
Zentralstelle Mönchengladbach
Druck: Druckerei J. P. Bachem GmbH & Co. KG, Köln
Printed in Germany
ISBN 3-7616-1503-5

Inhalt

Vorwort

Das Rad der Entwicklungen und Veränderungen dreht sich immer schneller. Die Denk- und Verhaltensweisen, die früher über Generationen hinweg Geltung besaßen, wandeln sich und veralten rasch. Die damit ausgelösten Fragen richten sich auch auf unsere Arbeitswelt, die für die Entfaltung der Menschen und nicht minder für die wirtschaftlichen und sozialen Strukturen von großer Bedeutung ist. Das Übel der Arbeitslosigkeit, das seit 1973, zunächst langsam, dann rasant, wie ein Krebsübel die Gesellschaft in Deutschland und in anderen Ländern Europas überzogen hat und bis heute andauert, läßt die von den Wirtschafts- und Sozialwissenschaften in der Aufschwungphase nach dem Zweiten Weltkrieg ermittelten und festgeschriebenen Rahmenbedingungen als obsolet erscheinen. Auch der in Deutschland stark ausgebaute Sozialstaat ist unter diesen Umständen kurzatmig geworden; die halbherzigen Versuche der Bundesregierungen, wenigstens seinen Kern zu retten, reichen meist nur eine Wahlperiode und fallen oft den Pressionen der Interessenverbände zum Opfer.

Die sogenannte Globalisierung zwingt uns, die Wandlungen in der Arbeits- und Berufswelt zu erfassen, zu analysieren und die Zusammenhänge zu entdekken. Auch wenn sie noch nicht wissen, wohin die Reise gehen wird, ahnen viele Bürger, daß künftig die Verhältnisse nicht mehr so sein werden, wie dies in der Vergangenheit der Fall war. Früher bedeutete die Berufswahl eine Lebensperspektive. Ähnlich wie im bäuerlichen Bereich, konnte man den erlernten Beruf ein Leben lang ausüben, nicht selten in ein und derselben Firma arbeiten und sein Brot verdienen. In der modernen Gesellschaft ist das lebenslange Lernen und die Bereitschaft, sich auf neue Verhältnisse und Risiken einzulassen, zur Pflicht geworden. Wie werden sich die Strukturen der Arbeitswelt und der Erwerbstätigkeit verändern? Wird es das „Normalarbeitsverhältnis“

künftig noch geben? Und wie kann die Vorsorge für die Wechselfälle des Lebens, wie können Strukturen der sozialen Sicherheit den neuen Bedingungen entsprechend entwickelt werden?

Die Problematik war Gegenstand der Sozialethiker-Tagung 2000. Es kommt darauf an, die Erkenntnisse und Einsichten, die sich heute bereits abzeichnen, zu nutzen und an der Berufs- und Arbeitswelt der Zukunft zu bauen.

Der Stadt Mönchengladbach sei gedankt, daß die Sozialethiker-Tagung im historischen Ratssaal stattfinden konnte, auch für die finanzielle Unterstützung der Drucklegung des Berichtsbandes.

Mönchengladbach, im März 2001 Anton Rauscher

Begrüßung durch die Oberbürgermeisterin der Stadt Mönchengladbach

Es ist schon gute Tradition, daß sich seit vielen Jahren Fachleute wie Sie hier im Ratssaal des Rathauses Abtei zusammenfinden, um wichtige Fragen zur christlichen Sozialwissenschaft unter immer wieder neuen Themenschwerpunkten zu erörtern. Damit gehen von unserer Stadt, die durch den sozialen Katholizismus des Volksvereins geprägt wurde, ganz entscheidende Impulse in der Auseinandersetzung mit den Entwicklungen in Wirtschaft, Gesellschaft und Politik aus.

Die zahlreichen Themen, die seit 1968 von den Teilnehmern der Sozialethiker-Tagung diskutiert werden und in der Schriftenreihe „Mönchengladbacher Gespräche" nachzulesen sind, decken ein überaus breites Spektrum ab, in dessen Spannungsfeld sich der Mensch befindet. Immer wieder geht es um Positionsbestimmungen des Menschen im Wandel der Geschichte oder vor dem Hintergrund aktueller Veränderungen.

So auch in diesem Jahr. Wohl kaum ein Leitgedanke beschäftigt derzeit die Medien in ihrer Aufgabe als Gradmesser gesellschaftlicher Entwicklungen und Veränderungen so sehr wie das Thema „Die Arbeitswelt im Wandel", dem Sie sich in den nächsten Tagen zuwenden werden. Begriffe wie „Globalisierung", „Unternehmensfusion" – manche sagen auch „Firmenallianz" – oder neue Kunstworte wie „New economy" oder das dem virtuellen Sprachschatz entsprungene „E-Commerce" bestimmen heute die Arbeitswelt mehr denn je. Die Welt erlebt im Wandel vom 20. ins 21. Jahrhundert dramatische Veränderungen, die einem rasanten Tempo unterliegen und kaum noch Atempausen zuzulassen scheinen.

Was bei aller Schnellebigkeit, die die bisherigen, langfristig sich vollziehenden Entwicklungen geradezu als Episoden erscheinen läßt, oftmals zu wenig Berücksichtigung findet, sind die menschlichen Aspekte, um die es eigentlich geht. Um Mißverständnissen vorzubeugen: Wir sehen Freiheits-Chancen in den neuen Techniken, die die Arbeitswelt beeinflussen und auch in dem, was mit dem eher unbeholfenen Begriff der „Flexibilisierung" umschrieben ist. Wir sehen aber auch die alten Sicherheiten dahinschwinden. Wir sind einerseits neugierig auf das Neue, dem etwas Glückhaftes wie auch Bedrohliches anhaftet, und wir blicken mitunter mit Wehmut auf vergangene Zeiten, in denen demokratische Mehrheiten den sozialen Ausgleich besser durchsetzen konnten als heute.

Dies ist die Situation, in der wir uns befinden und mit der wir uns ernsthaft im Bewußtsein unserer sozialen Verantwortung auseinanderzusetzen haben. So wie wir die Veränderungen in Wirtschaft und Gesellschaft nach vorne treiben, müssen wir gleichermaßen Strategien entwickeln, wie wir mit den Umwälzungen umzugehen haben. Ansonsten droht uns im Übergang von der alten – oft noch immer frühindustriell geprägten Arbeitswelt – in die neue Arbeitswelt der Zukunft die Übersicht verloren zu gehen.

Ist der Arbeitnehmer der Zukunft ein Getriebener, der atemlos von Job zu Job springt, dem Beständigkeit als Lahmheit ausgelegt wird und der sich von den Erfahrungen der Älteren löst? Wie können wir sicherstellen, daß auch die Schwächeren geschützt werden und zu ihrem Recht kommen? Fragen, die gestellt und auch beantwortet bzw. gelöst werden müssen. Fragen, die Sie, so denke ich, sicherlich in dieser Tagung diskutieren werden.

So wünsche ich Ihnen eine erfolgreiche Tagung sowie fruchtbare Diskussionen, aber auch einen angenehmen Aufenthalt im historischen Rathaus Abtei. Ich danke Ihnen!

Monika Bartsch

André Habisch

Das „Recht auf Arbeit"

Vom einklagbaren Rechtsanspruch zur regionalen Beschäftigungsinitiative

Das ‚Recht auf Arbeit' ist nach wie vor ein zentrales Postulat, wenn in der Öffentlichkeit Wege aus der Beschäftigungskrise erörtert werden[1]. Welche Funktion kann der Ruf nach einem ‚Recht auf Arbeit' in dieser Diskussion übernehmen? Läßt er sich – wie zuerst im Anschluß an die Französische Revolution versucht – als allgemeiner ‚Rechtsanspruch auf Beschäftigung' realisieren? Oder vermag er jenseits solcher Versuche Orientierungsfunktionen auch für eine marktwirtschaftlich angelegte Arbeitsordnung zu entfalten? Im folgenden sollen zunächst im Rahmen eines historischen Rückblicks der spezifisch neuzeitliche Charakter einer solchen Forderung und dessen Implikationen reflektiert werden. Ich wende mich dann systematischen Begründungsfragen zu und frage abschließend, welche sozialethische Bedeutung ein Recht auf Arbeit angesichts der zu erwartenden Veränderungen des Erwerbslebens im 21. Jahrhundert haben könnte.

---

[1] Wie Martin Dabrowski und Judith Wolff anhand der Beiträge zum Konsultationsprozeß im Bistum Münster gezeigt haben, gilt dies auch für die innerkirchliche Diskussion, in der entsprechende Forderungen nach einem einklagbaren Rechtsanspruch auf Beschäftigung von vielen Teilnehmern immer wieder erhoben werden: vgl. dies., ‚Arbeitslosigkeit' als Thema des Konsultationsprozesses im Bistum Münster, in: Jahrbuch für christliche Sozialwissenschaften 38 (1997) 115–135.

1. Das ‚Recht auf Arbeit' als Signum neuzeitlichen Denkens

Arbeit und Arbeitsordnung sind ein uraltes Thema theologischer und philosophischer Ethik. Dietmar Mieth hat auf die auch begriffliche Ambivalenz im Arbeitsverständnis der abendländisch-christlichen Tradition hingewiesen, die begrifflich zwischen selbstbestimmt-schöpferischem ‚Wirken' (opus, operatio) einerseits und fremdbestimmt-weisungsgebundenem Arbeiten (‚labor') andererseits differenzierte[2]. Arbeitsethisch standen über alle Religionen und Kulturbereiche hinweg zunächst Fragen wie die Einhaltung der vorgeschriebenen Ruhezeiten (Sabbat-, Sonntags-, Freitagsgebot), die relative Bedeutung der Arbeit für das menschliche Leben (z. B. als Warnung vor dem Streben nach irdischem Reichtum) sowie Fragen der Arbeitspraxis (z. B. als Mahnung, Abhängigkeitsbeziehungen nicht auszunutzen und Arbeitsverträge zu erfüllen) im Mittelpunkt.

Kein Thema waren dagegen rechtliche oder institutionelle Rahmenbedingungen der Arbeits- und Wirtschaftsweise. In einer statischen Agrargesellschaft, in der sich die Grundregeln der Arbeits- und Wirtschaftsordnung über Jahrtausende konserviert haben, konnten diese als Gestaltungselemente überhaupt nicht in den Blick kommen: es konnte mithin auch keine genuine ‚Sozialethik der Arbeit' geben. Wir sehen dies etwa am Beispiel des paulinischen Philemonbriefes, der zwar die Annahme des entlaufenen Sklaven Onesimus als Person und Bruder empfiehlt, nicht aber die Slaverei als Institution selbst in Frage stellt. Daß er dies nicht tat, hat bekanntlich nichts mit mangelndem ethischem Engagement des Verfassers dieser biblischen Schrift zu tun. Doch in einer Sklavenhaltergesellschaft die Abschaffung der Sklaverei zu fordern, stellt die ökonomischen

---

[2] So in Dietmar Mieth, Arbeit und Menschenwürde, Freiburg 1985.

Grundlagen der Zivilisation in ähnlicher Weise in Frage wie heute etwa die Forderung nach der weltweiten Schließung der Börsen: Es fehlte schlicht das Vorstellungsvermögen, wie denn eine Wirtschaft ohne Sklaverei bzw. Leibeigenschaft, ohne Heirats- und Familiengründungsverbote, mit freier Wahl von Beruf und Arbeitsumfang etc. überhaupt funktionieren sollte.

Die Verwirklichung der arbeitsethischen Ideale wurde denn auch nicht innerweltlich – etwa von institutionellen Reformen – erwartet (woher sollten diese in einer vormodernen Welt auch kommen?). Sie werden vielmehr als komplette Aufhebung dieser Welt inklusive ihrer scheinbar unveränderlichen Regeln gedacht – in der paulinischen und frühkirchlichen Eschatologie ebenso wie in der ‚civitas Dei' des Augustinus, in den Jenseits-Vorstellungen des Hochmittelalters, der ‚utopia' des Thomas Morus etc.

Die Neuzeit folgt demgegenüber einem grundsätzlich anderen Programm der Verarbeitung ethischer Impulse. Sie lebt aus dem Bewußtsein der *Kontingenz*, mithin der prinzipiellen Veränderlichkeit und damit auch Verbesserungsfähigkeit kollektiver Lebensbedingungen. Gerade weil alles auch anders bzw. besser sein könnte, steht der neuzeitlich-moderne ‚status quo' ständig unter Rechtfertigungs- bzw. Verbesserungsdruck, wird er permanent von ethischen Leitvorstellungen ‚menschengerechterer' Lebens- und Arbeitsbedingungen her kritisiert. Die Personalität des Menschen ist der Neuzeit mithin in zunehmendem Maße zugleich ‚*Vor*-gabe' (i. S. eines sich über die Jahrhunderte immer radikaler ausbildenden Kontingenzbewußtseins[3]) als auch ‚*Auf*-gabe' (i. S. der Kritik der gegenwärtigen Verhältnisse unter bestimmten humanitären Leitvorstellungen). Diese Leitvorstellungen werden in der Neuzeit meist in der Semantik von Menschen- oder

3 Zu erinnern ist hier etwa an I. Kants Charakterisierung der Aufklärung als Befreiung aus selbstverschuldeter Unmündigkeit.

Grundrechten vorgetragen, die nicht immer einfach 1:1 in positives Recht umgesetzt werden können oder sollen. Sie stellen vielmehr eine prinzipielle Heuristik für die Gestaltung einer Vielzahl von Institutionen auf allen Ebenen dar: Sie formulieren eben *Grund*rechte im Sinne von ‚Rechten auf Rechte‘[4].

Die Anfänge der historischen Entwicklung eines Rechts auf Arbeit gehen auf die städtische Armengesetzgebung des späten Mittelalters zurück[5]. Traditionell war die Einrichtung von Armenhäusern, Spitälern und Seuchenhäusern, Schenkungen und Speisungen insbesondere an hohen kirchlichen Festen in den mittelalterlichen Städten Ausdruck armutsorientierter Caritas. Dabei betraf die Armenfürsorge hier sozusagen nur die Einkommensverwendungsseite des Sozialprodukts (geleistet wurden Transfers), während die Einkommensentstehungsseite, also die agrarische und handwerkliche Produktion, davon unberührt blieb. Die Sozialstruktur vormoderner Agrargesellschaften kannte ja nur eine begrenzte Mobilität, Besitzende blieben Besitzende, Hilfsbedürftige blieben Hilfsbedürftige; die Caritas bekämpfte nicht die Ursache der Armut – also die strukturelle Desintegration weiter Bevölkerungsteile aus dem Produktionsprozeß der tradierten Ständegesellschaft –, sondern linderte lediglich deren Symptome[6].

Der ‚act for the relief of the poor‘ der englischen Königin Elisabeth I. von 1601 erlegt es nun den Armenaufsehern jedes Kirchspiels auf, hilfsbedürftigen

---

4 Die Formulierung stammt von Gerard van Wissen, Gibt es ein Menschenrecht auf Arbeit?, in: IKZ Communio 27 (1998) 204–219, der die Menschenrechte als ethische Begriffe bzw. grundlegende Ansprüche ethischen Charakters bewertet (209f.).

5 Vgl. dazu und zum folgenden Michael Rath, Die Garantie des Rechts auf Arbeit, Göttingen 1974.

6 Dies findet sich grundlegend erläutert in: Arm und reich: zur Transformation der vorklassischen in die klassische Ökonomie; zum 200. Todestag Adam Smiths, Beiträge des IWE 39, St. Gallen 1990.

Personen Arbeit zu verschaffen. Dazu wurden an vielen Orten Arbeitshäuser (‚work houses') errichtet, in denen das ‚unliebsame Bettelvolk' zur bezahlten Zwangsarbeit angehalten wurde. Das Armengesetz gewährte keinen individuell einklagbaren Rechtsanpruch auf Arbeit, sondern stellte nur ganz allgemein staatliche Hilfeleistungen in Aussicht. Dennoch wird bereits hier ansatzweise das *spezifisch neuzeitliche* Element eines ‚Rechts auf Arbeit' deutlich. Denn hier wird zunächst das Problem der Randständigen und Bettler nicht mehr als Problem von *Armut*, sondern als Problem von *Arbeitslosigkeit* rekonstruiert. Der Mensch ist Subjekt: Nicht mehr fehlende Hilfe, sondern das Unvermögen, sich durch eigene Arbeit selbst zu helfen, wird nun als das Kernproblem wahrgenommen.

Zugleich stellt sich der konsolidierte Nationalstaat der Frühneuzeit erstmals als eine Institution dar, von der man überhaupt die Veränderung dieser Verhältnisse erwarten konnte. Ein wie auch immer geartetes ‚Recht auf Arbeit' setzt ja bereits einen Adressaten mit entsprechenden materiellen und rechtlichen Handlungsspielräumen voraus, der vorher in dieser Form überhaupt nicht in Sicht war: Der neuzeitliche Souverän, der sich stufenweise konstituiert, wächst in diese Rolle hinein.

Aus dieser Perspektive ist es kein Zufall, daß entsprechende Forderungen zuerst in Westeuropa erhoben werden, wo die wirtschaftliche, politische und gesellschaftliche Entwicklung am weitesten fortgeschritten war. So garantiert etwa ein Edikt des französischen Finanzministers und Physiokraten Turgot vom 12. März 1776 – also zur Regierungszeit Ludwigs XVI. – im Zusammenhang mit der Proklamation der Gewerbefreiheit in Frankreich ausdrücklich ein Recht zur Arbeit (‚droit de travailler'). Die Abschaffung der feudalen Berufsbeschränkungen, wie sie in Westeuropa bereits im späten 18. Jahrhundert, in Preußen in den Stein-Hardenberg'schen Reformen Anfang des 19. Jahrhunderts geleistet wurde, setzt die Marktkräfte von Angebot und

Nachfrage nach Arbeit frei und erhöht die wirtschaftliche Mobilität; sie wirft aber zugleich die Frage auf, wie denn die neue Freiheit der Berufswahl jenseits ständischer Beschränkungen überhaupt mit einem Recht auf Arbeit vereinbart und beides wirtschaftlich umgesetzt werden könnte – wir werden später nochmals auf diese Problematik zurückkommen.

2. Das Recht auf Arbeit als ‚Rechtsanspruch auf Beschäftigung'

Der Versuch, ein positives Recht auf Arbeit i. S. eines subjektiv einklagbaren Rechtsanspruches auf Beschäftigung zu konstituieren, ist zum ersten Mal in der Französischen Revolution realisiert worden. Angesichts weitverbreiteter Arbeitslosigkeit enthielt eine im August 1789 der Nationalversammlung vorgelegte Erklärung der Menschenrechte ausdrücklich das ‚Recht auf Arbeit' (‚droit au travail'); der Rechtsanspruch sollte sich gegen den Staat richten und durch die Einrichtung staatlicher Ämter verwirklicht werden. In der Tat beschloß dann die Nationalversammlung noch im selben Monat dic Errichtung von Staatswerkstätten (‚ateliers publics'), in denen zeitweise über 30.000 Arbeiter – meist mit niedrig qualifizierten Gelegenheitsarbeiten – beschäftigt wurden: die erste ABM der Zivilisationsgeschichte. Diese Einrichtungen hatten weniger wirtschaftliche als sozialpolitische Fürsorgefunktion: Sie sollten den Elendsmassen des ‚ancien régime' schnell eine Existenzgrundlage schaffen. Entsprechend wurden die Löhne auch dann gezahlt, wenn den Arbeitslosen keine Beschäftigung vermittelt werden konnte. Obwohl die Lohnhöhe unter dem allgemeinen Niveau lag, waren die Staatswerkstätten aufgrund schlechter Wirtschaftslage, mangelnder Organisation und erodierender Arbeitsmoral bald finanziell ausgeblutet.

Trotz seines episodenhaften Charakters hatte dieses Experiment aus der ersten Phase der Französischen Revolution großen Einfluß auf die weitere Diskussion um Möglichkeit und Grenzen eines ‚Rechtes auf Arbeit‘. Schon die Revolutionsverfassungen von 1791 und 1793 verzichteten auf die Aufnahme einer entsprechenden Passage und beschränkten sich auf die allgemeine programmatische Feststellung einer sozialen Ausgleichs- und Fürsorgepflicht des Staates. Internationalen Beobachtern – etwa Hegel in seiner Rechtsphilosophie – gilt das Experiment bald als Beispiel für die Grenzen staatlicher Eingriffe in den Wirtschaftsprozeß.

Hatte die große Französische Revolution mithin ökonomische Aspekte ausgeklammert und sich ausschließlich bürgerlichen Freiheitsrechten zugewandt, so gelangten erstere in der kurz darauf beginnenden frühsozialistischen Diskussion schon bald auf die Tagesordnung. Hintergrund waren vor allem die sozialen Unterschiede in der Vermögensverteilung, die von der Revolution keiner befriedigenden Lösung zugeführt werden konnten. Zudem bilden sich in Westeuropa bereits wesentlich früher Vorformen des Industrieproletariats. So postuliert der Sozialphilosoph Charles Fourier, der als Begründer des ‚utopischen Sozialismus‘ gilt, ein ‚Recht auf Arbeit für Besitzlose‘ als Äquivalent für die ungleiche Verteilung von Vermögen – insbesondere von Grundbesitz. Zur Verwirklichung erhofft sich Fourier in der zukünftigen Gesellschaft die Gründung von Genossenschaften (‚Phalanstères‘), in denen sich die Mitglieder gegenseitig ein Recht auf Arbeit einräumen und damit den glücklichen und friedlichen Naturzustand wieder erreichen[7].

Einen Schritt weiter gehen sein Schüler Victor Considérant sowie Claude Henri de Saint-Simon. Beide

---

[7] Die Arbeiten Fouriers weisen interessante Berührungspunkte zur Genossenschaftstheorie des 19. Jahrhunderts und zur gegenwärtigen Diskussion um Bürgerarbeit und Tätigkeitsgesellschaft auf.

affirmieren ein individuelles Recht auf Arbeit und sehen als Adressaten insbesondere die staatliche Gemeinschaft. Anders als Fourier fragten sie aber nach Realisierungsvorschlägen unter den gegebenen gesellschaftlichen Verhältnissen und kamen zu Forderungen wie der Einrichtung einer auf planwirtschaftlichen Elementen bestehenden Organisation der Arbeit (‚organisation du travail') inklusive entsprechender Arbeitsvermittlungsagenturen (Considérant) bzw. einer planmäßigen Führung der Wirtschaft durch eine Industriellenelite. Diese sollte Arbeitspläne aufstellen, den Grundbesitz neu ordnen und Verwaltungsreformen im Sinne eines sozialen Staatsapparates realisieren (Saint-Simon). Bazard, wiederum ein Schüler Saint-Simons, forderte zur Durchsetzung des Rechts auf Arbeit schließlich die Aufhebung des Privateigentums, an dem die Vorgänger noch prinzipiell festhalten wollten, und die Verstaatlichung der Produktionsmittel.

Vorbereitet durch diese frühsozialistischen Theoriedebatten, die für die Entwicklung insbesondere im 20. Jahrhundert ausgesprochen folgenreich werden sollten, standen der Ruf nach einem ‚Recht auf Arbeit' und die in Verbindung damit vorgetragene Kritik der aufkommenden frühkapitalistischen Industriegesellschaft im Mittelpunkt der Revolution von 1848. Erneut wurden in Paris Nationalwerkstätten (‚ateliers nationaux') errichtet, um durch eine Organisation der Arbeit jedem Arbeiter das ‚Recht auf Arbeit im erlernten Beruf' zuzubilligen. Die sozialistischen Führer der Nationalwerkstätten (Louis Blanc) sahen diese als Vorstufe zur Gründung staatlich finanzierter Arbeiterproduktivgenossenschaften, mit deren Hilfe freie Konkurrenz und privates Unternehmertum – als Grundübel des Kapitalismus – überwunden werden sollten. Doch auch dieses größte sozialistische Experiment des 19. Jahrhunderts scheiterte an den inhärenten aber notorischen Anreizproblemen – schlechte Arbeitsorganisation, mangelnde Marktorientierung und wachsendes Mißverhältnis von Zahlung und Gegenleistung, das zeitweise bis zu

120.000 wirklich oder vermeintlich Arbeitssuchende angelockt hatte.

Nach der Niederlage der Sozialisten in den verlustreichen Junikämpfen wurden die Nationalwerkstätten im Juli 1848 von der bürgerlichen Mehrheit in der Nationalversammlung geschlossen. Die Formulierung eines Rechts auf Arbeit aus dem ursprünglichen Verfassungsentwurf vom Juni hatte gelautet: „Das Recht auf Arbeit ist das Recht, das jeder Mensch hat, durch Arbeit seinen Lebensunterhalt zu erwerben. Die Gesellschaft soll durch die Produktion und die allgemeinen Mittel, über welche sie verfügen kann und die noch organisiert werden sollen, allen Arbeitsfähigen, die sich nicht auf andere Weise Arbeit verschaffen können, solche liefern“[8]; die Formulierung wurde jedoch nicht in die endgültige Verfassung vom November 1848 aufgenommen; damit war der Versuch einer Positivierung des Rechts auf Arbeit in Frankreich endgültig gescheitert. Die Pariser Erfahrungen führten darüber hinaus dazu, daß parallele Anträge, ein Recht auf Arbeit verfassungsmäßig zu kodifizieren, auch in der Frankfurter Nationalversammlung keine Mehrheit fanden. Auch in Deutschland hatte ein kodifiziertes ‚Recht auf Arbeit‘ seine Faszination verloren.

Die frühsozialistische Theoriediskussion um ein positives ‚Recht auf Arbeit‘ zeigt deutlich den spezifisch neuzeitlichen Charakter dieses Postulats. Insofern es nicht nur auf karitative Wohltätigkeit abzielt, sondern ein *Menschenrecht* einklagt und dabei auf die Gestaltung einer gesellschaftlichen Arbeits- und Wirtschaftsordnung abzielt, reformuliert es den Solidaritätsimpuls auf einem neuen, nun genuin sozialethischen Niveau. Was im Kontext statischer Agrargesellschaften als scheinbar unverrückbares Element menschlicher Lebensbedingungen erschienen war – nämlich die sozialstrukturelle Grundlage individuellen Arbeitens –, das wurde nun prinzipiell als kontingent und gestaltbar

---

[8] Zit. n. Rath, Die Garantie, 35, vgl. Anm. 5.

erkannt und dementsprechend selbst mit ethischen Gestaltungsansprüchen konfrontiert[9].

Die skizzierte frühsozialistische Diskussion um ein ‚Recht auf Arbeit' beweist aber noch etwas Anderes: Aus der neuzeitlichen Erkenntnis der *prinzipiellen Gestaltbarkeit* sozialer Ordnung erwuchs – insbesondere im französischen Rationalismus – schnell die Illusion ihrer *planvollen Machbarkeit.* Sie verband sich mit der Hoffnung, bestimmte Ideale einfach 1:1 in positives Recht umsetzen und ‚normativ festzurren' zu können – etwa als verfassungmäßig garantierte Rechtsansprüche, die dann unter Überspringung ihrer ökonomischen Wirkungen nur mehr autoritativ exekutiert zu werden brauchten und zwar vorzugsweise mit Hilfe der erstarkten Instrumente des Nationalstaats.

Dies zeigt sich deutlich bei dem auch im 20. Jahrhundert noch unternommenen Versuch der französischen Revolutionäre, das Phänomen weit verbreiteter Arbeitslosigkeit durch einen Mehrheitsbeschluß in der Nationalversammlung und entsprechende Direktiven an staatliche Sozialverwaltungen beseitigen zu können. Das ‚Recht auf Arbeit' wird dann seiner neuzeitlichen Gestaltungsdynamik beraubt. Es gerinnt von einem Kreativität anstoßenden und einfordernden Prinzip selbst schon zu einem Instrument, zu einer justiziablen Institution. Ein solcher normativer Kurzschluß über-

---

9 Es darf auch in bezug auf das Naturrechtsdenken im Bereich der katholischen Soziallehre (z. B. bei Johannes Messner) nicht vergessen werden, daß sich hinter ihrer scholastischen Terminologie zumindest in bezug auf die Wirtschafts- und Sozialordnung in diesem Sinne eine neuzeitlich-moderne und progressive, auf Veränderung gesellschaftlicher Bedingungen (‚Sozialreform') abzielende Programmatik verbarg; vgl. dazu meine Ausführungen in: Johannes Messners ‚Grundlegung einer systematischen Wirtschaftsethik'. Ein Kursbuch christlicher Sozialethik auf dem Weg ins 21. Jahrhundert, in: W. Schmitz (Hg.), Johannes Messner – ein Pionier der Institutionen- und Systemethik, Sozialwissenschaftliche Schriften H. 37, Berlin 1999, 45–68.

springt (mindestens) eine Vermittlungsebene und unterbietet die Komplexität ausdifferenzierter Gesellschaften. Er führt in kontraintentionale Kurzschlüsse – im nachrevolutionären Paris nur zum ersten, aber keineswegs zum letzten Mal.

Ein Indiz für die Hartnäckigkeit solcher Kurzschlüsse ist die lange bewahrte Deutung, die Pariser Experimente seien nur an mangelndem politischen Wollen und zu geringem finanziellen Engagement der bürgerlichen Mehrheit in der Nationalversammlung gescheitert – m. a. W. der Domestizierungsversuch der Wirtschaft durch die Politik hätte nur entschlossen genug umgesetzt werden müssen. Das 20. Jahrhundert sollte diesem ersten dann noch wesentlich entschlossenere Domestizierungsversuche nachfolgen lassen und doch nicht zu qualitativ anderen – allerdings quantitativ erheblich verheerenderen – Ergebnissen kommen.

Die ökonomische Problemanalyse eines solchen, zu einem einklagbaren Beschäftigungsanspruch geronnenen ‚Rechtes auf Arbeit' ist vielfach geleistet worden[10]. Es gehört zu den konstitutiven Funktionsbedingungen freier Arbeitsmärkte, daß ein Arbeitsverhältnis hier als Folge eines Vertrages zustande kommt, also des ‚matchings' individueller, jeweils spezifisch disponierter Partner, die sich davon Vorteile versprechen. Dem korrespondiert die Freiheit der Berufswahl, also der individuellen Entscheidung des Arbeitnehmers, sich in einem bestimmten Bereich fortzubilden und in entsprechendes ‚Humankapital' zu investieren.

Im Kontext eines solchen Arrangements übt die Fähigkeit, zahlungsbereite und zahlungsfähige Vertragspartner als Arbeitgeber zu finden und mithin eine bestimmte Lohnhöhe zu realisieren, eine *Signalfunktion* auf andere Arbeitnehmer aus. Dies steuert individuelle Bildungs- und Ausbildungsbemühungen entsprechend

---

[10] Im Bereich der Sozialethik m. W. zuletzt in dem bereits zitierten Beitrag von Martin Dabrowski und Judith Wolff, vgl. Anm. 1.

den Notwendigkeiten des makroökonomischen Strukturwandels: Der Markt übt eine entscheidende Koordinations- und Anreizfunktion aus. Insofern gehört temporäre Arbeitslosigkeit konstitutiv zu einer Marktwirtschaft (‚natürliche Arbeitslosigkeit'). Dieser Theorie entspricht, daß in der Realität stets nur eine Minderheit unserer Arbeitslosen Langzeitarbeitslose sind – die legendäre Zwei-Drittel-Gesellschaft also nach einhelliger Meinung von Arbeitsmarktexperten schlichtweg nicht stattfindet[11]. Werden nun beiderseitige Suchprozesse durch eine staatliche Arbeitszuteilung bzw. eine Beschäftigungspflicht des Arbeitgebers ersetzt, so verlieren Arbeitsmärkte ihre Signalfunktion und die Volkswirtschaft büßt ihre Anpassungfähigkeit ein – mit gravierenden Konsequenzen für die Produktivität.

Der neoliberaler Ideologie unverdächtige US-Ökonom Kenneth Arrow hat darauf hingewiesen, daß wir im Grunde zivilisationsgeschichtlich überhaupt nur zwei große Wirtschaftsformen kennen und der Versuch der Blockade von Marktmechanismen mehr oder weniger automatisch in einer wie auch immer ausgestalteten planwirtschaftlichen Kommandoökonomie enden muß[12]. Sozialethisch wird man dies dahingehend explizieren können, daß der Versuch, das ‚Recht auf Arbeit' – sozusagen fundamentalistisch – als ‚Rechtsanspruch auf Beschäftigung' – zu konkretisieren, der Realisierung menschenwürdiger Lebens- und Arbeitsbedingungen großer Bevölkerungen die Grundlage entziehen muß. Das Zuweisen eines formalen Rechtsanspruchs wird auch der menschlichen Personalität selbst nicht gerecht, weil er in den allermeisten Fällen nicht geeig-

[11] Eine empirische Bestandsaufnahme zur Arbeitsmarktsituation in ihren verschiedenen Komponenten findet sich in den Materialien der bayerisch-sächsischen Zukunftskommission, Bonn 1997.

[12] So zitiert in Shirley Burggraf, How Should the Cost of Child Rearing be Distributed, in: Challenge 37/5 (1993), 9/10, 48–55.

net ist, eine biographische Dynamik in Gang zu setzen, die dem einzelnen eine nachhaltige Entfaltung seiner Potentiale und die dauerhafte und erfolgreiche Integration in das berufliche Leben erlaubt.

Das Ende des Systemwettbewerbs im 20. Jahrhundert läßt sich sicherlich nicht so eindimensional interpretieren, wie dies etwa F. Fukuyama getan hat. Statt des Endes der Geschichte ist eher noch eine beschleunigte Suche nach neuen Wegen eingetreten, den Herausforderungen des 21. Jahrhunderts gerecht zu werden. Es hat sich aber doch zumindest soviel gezeigt, daß der Versuch, das planwirtschaftliche Experiment der Pariser ‚ateliers nationaux' von 1848 im großen Stil zu wiederholen, für die Mehrheit der davon betroffenen Bevölkerung nicht die davon erhofften Humanisierungsgewinne zu bringen vermag. Mit Klaus Demmer wird man in solchen epochalen geschichtlichen Erfahrungen Elemente einer geschichtlichen ‚Sozialnatur des Menschen' erkennen können, die sozialethische Schwellenwerte für die vor uns liegenden politischen Gestaltungsaufgaben des 21. Jahrhunderts formulieren[13].

3. Das ‚Recht auf Arbeit' als heuristische Leitvorstellung

Folgt nun aus dem Scheitern der Pariser Experimente, das ‚Recht auf Arbeit' als historischen Irrtum der zivilisationsgeschichtlichen Mottenkiste zu übereignen? Es wäre den untergegangenen planwirtschaftlichen Diktaturen des 20. Jahrhunderts zuviel der Ehre getan, würde man ihnen sozusagen die Definitionsmacht für ein ‚Recht auf Arbeit' zugestehen[14]. Zumindest Papst Jo-

[13] Vgl. dazu Klaus Demmer, Sittlich handeln aus Verstehen. Strukturen hermeneutisch orientierter Fundamentalmoral, Düsseldorf 1980.

[14] Eine Alternative zum positiven ‚Rechtsanspruch auf Beschäftigung' hat denn auch schon in den 70er Jahren Os-

hannes Paul II. geht denn auch andere Wege. Er leitet – schon in ‚Laborem Exercens', aber noch deutlicher in ‚Libertatis Conscientia' – das Recht auf Arbeit begrifflich aus dem christlichen Menschenbild ab. So heißt es in LC 85: „Eine Kultur, die die hervorragende Würde des Arbeiters anerkennt, wird die subjektive Dimension der Arbeit besonders herausstellen. Der Wert jeder menschlichen Arbeit hängt nicht an erster Stelle von der Art der geleisteten Arbeit ab; er hat sein Fundament in der Tatsache, daß der Handelnde eine Person ist ... Daher hat jeder Mensch ein Recht auf Arbeit, das praktisch anerkannt werden muß durch wirksame Anstrengungen, das dramatische Problem der Arbeitslosigkeit zu lösen. Die Tatsache, daß diese weite Teile der Bevölkerung und besonders der Jugend in einer Randexistenz hält, ist unerträglich."

Der Papst bringt das Recht auf Arbeit hier nicht als einklagbaren Rechtsanspruch gegen den Staat ins Gespräch[15], vielmehr spricht er ausdrücklich vom subsidiären Charakter staatlicher Interventionen[16]. Er schlägt überhaupt keine konkreten Maßnahmen vor, sondern

---

wald von Nell-Breuning entwickelt, wenn der das Recht auf Arbeit im Sinne eines liberalen Menschenrechtsverständnisses als Abwehrrecht gegen den Staat i. S. einer ‚sittlichrechtlichen Befugnis, zu arbeiten und von niemand daran gehindert zu werden' definiert, vgl. ders., Das Recht auf Arbeit, in: Stimmen der Zeit 196 (1978) 526. Den Hinweis auf diese Interpretation verdanke ich Herrn Kollegen Ockenfels.

15 Diesbezüglich heißt es etwa in Centesimus Annus 48 ausdrücklich: Der Staat könnte das Recht aller Bürger auf Arbeit nicht direkt sicherstellen, ohne das gesamte Wirtschaftsleben zu reglementieren und die freie Initiative der einzelnen einzugrenzen.

16 In diesem Sinne erneut CA 48: Der Staat hat die Pflicht, die unternehmerische Tätigkeit dahingehend zu unterstützen, daß er günstige Voraussetzungen für die Sicherung von Arbeitsplätzen schafft. Wo sich unternehmerische Tätigkeit als unzureichend erweist, muß sie der Staat anregen und in Zeiten der Krise unterstützen.

fordert von den verschiedenen Akteuren Initiativen zur schrittweisen Umsetzung dieser heuristischen Leitvorstellung. Ganz ähnlich offen ist auch die Argumentation im Gemeinsamen Wort der Kirchen, wo es unter der Ziffer 152 heißt: „Aus christlicher Sicht ist das Menschenrecht auf Arbeit unmittelbarer Ausdruck der Menschenwürde. Der Mensch ist für ein tätiges Leben geschaffen und erfährt dessen Sinnhaftigkeit im Austausch mit seinen Mitmenschen“[17]. Unter Ziffer 151 wird das ‚Recht auf Arbeit‘ in diesem Sinne als „Anspruch der Menschen auf Lebens-, Entfaltungs- und Beteiligungschancen“ definiert und die Verkürzung auf einen individuell einklagbaren Anspruch explizit zurückgewiesen.

In dieser programmatischen Orientierungsfunktion hat das ‚Recht auf Arbeit‘ auch Eingang in die westeuropäische Rechtstradition des 20. Jahrhunderts gefunden. So verzichtet etwa die Weimarer Reichsverfassung von 1919 auf die ursprünglich vorgesehene Formulierung „Das Reich gewährleistet jedem Deutschen die Möglichkeit, durch Arbeit seinen Unterhalt zu verdienen“ und spricht nur ganz allgemein von einer Schutzpflicht des Reiches, ohne ein subjektives Recht auf Arbeitszuweisung zu garantieren. Das Grundgesetz hat völlig auf die Normierung einer sozialwirtschaftlichen Ordnung verzichtet. Dagegen findet sich das ‚Recht auf Arbeit‘ in der europäischen Sozialcharta (ESC) von 1961 und in der allgemeinen Erklärung der Menschenrechte der UN (1948), wo es in Art. 23 heißt: „Jeder hat das Recht auf Arbeit, freie Wahl seiner Beschäftigung, angemessene und befriedigende Arbeitsbedingungen und Schutz gegen Arbeitslosigkeit“. Auch in die Landesverfassungen mehrerer deutscher Länder – u. a. Bayern und Nordrhein-Westfalen – hat es Eingang gefunden. Doch besteht ein Konsens der Verfassungsju-

---

[17] Zitiert nach Kirchenamt der EKD/Sekretariat der DBK (Hg.), Für eine Zukunft in Solidarität und Gerechtigkeit. Gemeinsame Texte 9, Hannover und Bonn o. J., 52.

risten, daß auch hier nicht eine einklagbare Rechtsnorm angezielt ist, sondern der Gesetzgeber nur ganz allgemein auf eine politische Bekämpfung der Arbeitslosigkeit festgelegt werden soll[18]. Auch hier erscheint das Recht auf Arbeit als offenes Desiderat, als programmatisches Leitmotiv, das sich nicht durch eine einzelne Maßnahme gesetzlich verordnen läßt, sondern jeweils Strukturanpassungen, Initiativen und Impulse und nicht zuletzt auch kulturelle Arbeit und Bewußtseinsbildung anmahnt. Adressaten sind nicht nur Politik und Verwaltung, sondern – etwa wo es um die wichtige Frage von Ausbildungsplätzen geht – auch die gewerbliche Wirtschaft, sind Medien und kulturelle Institutionen und nicht zuletzt die Kirchen[19].

---

[18] Positiv rechtlich verankert ist in Deutschland lediglich ein ‚Recht auf Beschäftigung' innerhalb eines bestehenden Arbeitsvertrages sowie das Grundrecht auf Berufsfreiheit in Art. 12 Grundgesetz. Das Stabilitäts- und Wachstumsgesetz von 1967 erklärt die Vollbeschäftigung zu einem Element des ‚magischen Vierecks', und damit zu einem Ziel staatlicher Wirtschaftspolitik.

[19] Die deutschen Kirchen haben im Konsultationsprozeß das Problem der Arbeitslosigkeit intensiv diskutiert und im gemeinsamen Wort eine Reihe von Lösungsvorschlägen unterbreitet, die allerdings weitgehend anderswo Diskutiertes zusammentragen. Wesentlich konkretere Initiativen und Impulse haben z. T. die kirchlichen Sozialverbände BKU, KAB, Kolping und KKV entwickelt, in die auch ihr spezifisches know-how eingeflossen ist – genannt sei hier pars pro toto nur die BKU-Initiative ‚Engagiertes Unternehmen gegen Arbeitslosigkeit'. Das Bistum Essen hat gemeinsam mit der Rheinischen Landeskirche und der VEBA-AG im Rahmen der Initiative ‚Impulse für Arbeit' eine interdisziplinäre Expertenkommission unter der Leitung des DIW-Präsidenten Klaus Zimmermann gebildet, in der ich als Sozialethiker mitarbeiten kann. Ziel ist es hier, theoretischen und praktischen Sachverstand zu bündeln und praktisch umsetzbare Vorschläge zu einer Effektivierung der Beschäftigungspolitik zu machen (weitere Informationen dazu finden sich im Internet unter *www.impulse-fuer-arbeit.de*).

4. *Das ‚Recht auf Arbeit' angesichts des Strukturwandels der Arbeitswelt des 21. Jahrhunderts*

‚Totgesagte leben länger' – dies trifft auch auf die Arbeitsgesellschaft zu, deren Konstitution im Verlauf der neuzeitlichen Entwicklung wir im Durchgang skizzenhaft nachvollzogen haben. War ihr noch vor wenigen Jahren angesichts wachsender Automatisierung und steigender Arbeitslosenzahlen in feuilletonistischer Weise der Schwanengesang angestimmt und der Übergang zur ‚Tätigkeitsgesellschaft' prophezeit worden[20], so erlebt sie gegenwärtig eher eine Renaissance. Die Hoffnung, durch staatliche oder subventionierte Programme ‚bezahlter Bürgerarbeit' den Druck auf die Erwerbsarbeitsmärkte senken zu können[21], hat viel von ihrer anfänglichen Attraktivität verloren. Außerhalb intellektueller Zirkel bildet die Massenarbeitslosigkeit, die vor allem in den neuen Ländern, aber auch in strukturschwachen Altindustrieregionen des Westens ein Viertel der Arbeitsbevölkerung und mehr erreichen kann, nach wie vor eines der drängendsten politischen Probleme[22].

Menschen werden sich und ihre Zeitgenossen auch in absehbarer Zukunft primär über Arbeit und Teilhabe am Erwerbsleben definieren – Paradigmenwechsel in Richtung auf alternative, postmoderne Lebens- und Wirtschaftsformen, die über kleine Zirkel hinaus weite

---

[20] Im deutschen Sprachraum stehen dafür in besonderer Weise die wissenschaftlichen und publizistischen Beiträge von Ulrich Beck; vgl. dazu jüngst wieder ders. (Hg.), Die Zukunft von Arbeit und Demokratie, Frankfurt 2000.

[21] Ulrich Beck, Die Seele der Demokratie: Bezahlte Bürgerarbeit, in: ders. (Hg.), Die Zukunft, ebd., 416–448.

[22] Es stellt aus sozialethischer Sicht ein bedenkliches Phänomen dar, wenn sich die Öffentlichkeit gleich einem Drogensüchtigen an immer höhere ‚Normaldosen' von Arbeitslosenzahlen zu gewöhnen und gleich nach einem leichten Rückgang unter die vier Millionen im Frühjahr 2000 schon wieder Entwarnung zu geben scheint.

Bevölkerungsschichten erfassen könnten, sind weltweit nicht in Sicht[23]. Auf diesem Hintergrund wird das neuzeitliche Postulat eines ‚Rechtes auf Arbeit' nichts von seiner Virulenz und Aktualität verlieren, weil es auch weiterhin auf die Teilhabe am zentralen Zusammenhang gesellschaftlicher Kommunikation und Selbstvermittlung abzielt.

Was sich allerdings mehr oder weniger grundlegend und für manche Gruppen stärker als für andere verändern wird, das sind die Bedingungen dieses Arbeitslebens[24]. Menschen werden sich zukünftig nicht nur und immer als abhängig Beschäftigte in der Arbeitswelt bewegen – und sie werden dies auch nicht nur in einem Beruf und an einer Arbeitsstelle tun. Menschen werden zukünftig mal als selbständige Mikrounternehmer, dann als Mitglied eines autonomen Projektkonsortiums, später als Werkvertragsnehmer, dann wieder für einige Jahre als abhängig Beschäftige tätig sein. Dazwischen liegen Familien- und Bildungsphasen – und zwar für beide Geschlechter entsprechend ihrer je individuellen Entwicklungsphase – oder auch Phasen des politischen oder bürgerschaftlichen Engagements, nicht mehr im Sinne einer jahrzehntelangen Ortsverbandsmitgliedschaft, aber etwa um ein bestimmtes politisch zu realisierendes Projekt herum. Menschen werden für verschiedene Arbeitgeber kontinuierlich oder gelegentlich

---

[23] In diesem Sinne heißt es auch im Gemeinsamen Wort (wieder 151): „Auch in Zukunft wird die Gesellschaft dadurch geprägt sein, daß die Erwerbsarbeit für die meisten Menschen den bei weitem wichtigsten Zugang zu eigener Lebensvorsorge und zur Teilhabe am gesellschaftlichen Leben schafft."

[24] Die folgenden Überlegungen verdanke ich einem internen Diskussionspapier, das Herr Kollege Gerd Mutz, Universität München und Munich Institute for Social Science, für die gemeinsame Arbeit in der Enquete-Kommission ‚Zukunft des Bürgerschaftlichen Engagements' des Deutschen Bundestages erarbeitet hat; vgl. dazu auch die Materialien der bayerisch-sächsischen Zukunftskommission, Bonn 1997.

tätig sein, zu denen Unternehmen ebenso gehören können wie staatliche oder halbstaatliche Institutionen oder Agenturen. Die Leitfigur eines Berufes (oder auch die Abfolge mehrerer Berufe) wird dabei die Arbeitswirklichkeit großer Teile der Bevölkerung immer weniger treffen – sie werden vielmehr im Laufe des Lebens die unterschiedlichsten Qualifikationen erwerben und miteinander kombinieren. Neben solchen patchwork-Berufsbiographien wird es selbstverständlich auch weiterhin mehr oder weniger fest angebundene Kernmannschaften geben, doch auch deren Berufspraxis wird sich verändern und wird erheblich ‚diskontinuierlicher' werden.

Daneben rechnen Experten für die nächsten Jahrzehnte auch weiterhin mit einer Arbeitslosenquote von bis zu 12,5 Prozent und zwar parallel zu einer zunehmenden Arbeitskräfteknappheit in qualifizierten Bereichen (Greencard-Debatte). Wie hoch diese Zahl genau sein wird, das entscheidet die Frage, in welchem Umfang es der Gesellschaft im 21. Jahrhundert gelingt, vorhandene Arbeit in Erwerbsarbeit zu transformieren und dabei dysfunktional gewordene Regulierungs- und Organisationsformen zu überwinden. Nicht der Übergang von der Arbeits- zur Tätigkeitsgesellschaft zeichnet sich also ab, sondern der Übergang von einer zentral regulierten Arbeitsgesellschaft zu einer aktiv gestalteten und polymorphen Arbeitsgesellschaft.

Gerade diese Vielfältigkeit individueller Berufsbiographien und die Verschiedenheit daraus resultierender Bedürfnisse macht eine zentralistische Verwaltung und Administration arbeits- und sozialrechtlicher Rahmenbedingungen immer schwieriger. Konkret gesagt: Was beschäftigungswirksame Veränderungen von Rahmenbedingungen sind, was in diesem Sinne zur Umsetzung eines ‚Rechts auf Arbeit' beiträgt, das kann und muß in immer stärkerem Maße ‚vor Ort', von den Beteiligten in Wirtschaft, Gewerkschaften, Arbeitsverwaltung,

Kommunen, Bildungsträgern etc. entschieden werden[25]. Die Umsetzungsstrukturen eines Rechts auf Arbeit als heuristischer Leitvorstellung sind wesentlich subsidiär – wie auch Papst Johannes Paul II. immer wieder ausgeführt hat. Und es ist sicherlich auch kein Zufall, daß das Gemeinsame Wort der Kirchen unmittelbar nach den zitierten Passagen zum Recht auf Arbeit auf die Chancen einer erneuerten Sozialkultur jenseits des Dualismus von Markt und Staat zu sprechen kommt. Diesen Aspekten soll im Anschluß an unsere Arbeit in der Enquete-Kommission ‚Zukunft des Bürgerschaftlichen Engagements' des Deutschen Bundestages der Schluß meiner Überlegungen gewidmet sein. Denn sie laufen auf ein ‚Bündnis für Arbeit' nicht nur an zentraler Stelle in Berlin, sondern vor Ort mit Verantwortungsträgern aus Wirtschaft, Politik und Gesellschaft hinaus.

Erwähnt sei in diesem Zusammenhang eine neuere Studie des Internationalen Arbeitsamtes IAA, die die komparativen Vorteile insbesondere kleiner europäischer Länder (untersucht wurden Österreich, Dänemark, Irland und die Niederlande) bei der Bekämpfung der Arbeitslosigkeit zum Gegenstand hat[26]. Nach der Studie scheint ein demokratischer Korporatismus, der auf enge parteien- und lagerübergreifende Abstimmung zur Umsetzung gemeinsamer Reformmassnahmen setzt, eine entscheidende Rolle zu spielen. Die Eliten kleiner Länder sind vergleichweise schmal, informelle und enge persönliche Beziehungen (‚trust') aber sind ein wichtiger Baustein für erfolgreiche Verhandlungen und Konsens – wie besonders das vieldiskutierte Bündnis in den Niederlanden gezeigt hat. Auch in Deutschland sind Bundesländer mit intensiver korporatistischer

---

[25] Vgl. dazu auch das jüngste Gutachten des Instituts für Landes- und Stadtentwicklungsforschung NRW: Adalbert Evers, Matthias Schulze-Böing u. a. (Hg.), Soziales Kapital mobilisieren. Gemeinwesenorientierung als Defizit und Chance lokaler Beschäftigungspolitik, Dortmund 2000.

[26] Publiziert in: Die Welt der Arbeit 29 (1999) 14–17.

Vergangenheit – etwa in Süddeutschland – erfolgreicher bei der Bekämpfung der Arbeitslosigkeit.

Die ,konstitutionellen Dialoge', die die enge bereichsübergreifende Kooperation in einer Region ermöglicht, erlauben dann das Schnüren aufeinander abgestimmter Pakete von Deregulierung, aktiver Beschäftigungspolitik, Lohnmäßigung, Ausbildungsgarantien, Reform des Wohlfahrtsstaates, Bildungs- und Ausbildungsoffensiven, Steuerreform, teilzeitorientierter Arbeitsmarktpolitik etc., die die Beschäftigungserfolge der kleinen Länder in Europa – bis hin zum ehemaligen Sorgenkind Irland – möglich gemacht haben. Im Rahmen solcher abgestimmter Maßnahmen haben die Niederlande vor kurzem sogar ihr nationales Arbeitsamt ganz abgeschafft und dessen Kompetenzen auf die regionale Ebene verlagert. Die Mitarbeiter bekommen Vermittlungsprämien und haben so Anreize, ihre Fortbildung und ,matching'-Aktivitäten eng am Bedarf der Betriebe zu halten. In Großbritannien und im US-Bundesstaat Wisconsin gibt man sich Rechenschaft darüber, daß viele Probleme von ,Arbeitslosigkeit' im Kern Probleme fehlender Sozialisation von Randgruppen darstellen, die zunächst einmal ,beschäftigungsfähig' gemacht werden müssen, bevor sie überhaupt eine Aussicht auf erfolgreiche Vermittlung erhalten. In Deutschland existieren Modellprojekte wie etwa die von der Bertelsmann-Stiftung, der IGBCE und der BASF-AG angestoßene und vom IFOK-Institut in Bensheim moderierte ,Initiative für Beschäftigung'. Deren Ziel ist es, die Bildung regional-selbststeuernder Beschäftigungsnetzwerke anzuregen, die jeweils unter der ,Patenschaft' eines regional verwurzelten Großunternehmens Verantwortungsträger aus der Region zusammenholen.

Im Kontext steigender gesellschaftlicher Ausdifferenzierung gewinnen solche bereichsübergreifende Verständigungselemente an Bedeutung, wenn subsystembedingt verengte Perspektiven überwunden werden sollen. Genau hier setzen Bemühungen an, etwa Unternehmen stärker mit dem Dritten Sektor zu vernetzen und sie dabei auf ihre ordnungspolitische Mitverantwortung für das Gemeinwohl hin anzusprechen (,Corporate Social Responsibility, Corporate Citizenship').

4. ,Konstitutionelle Dialoge' als Fortsetzung der neuzeitlichen Dynamik

Hier schließt sich auch der Kreis unseres Durchgangs. Denn das Anstoßen subsidiär-selbsteuernder ,konstitutioneller Dialoge' auf regionaler Ebene nimmt im Grunde die eingangs skizzierte gedankliche Bewegung der Neuzeit auf und vertieft sie zugleich. Am Beginn der Neuzeit waren die sozialen Lebens- und Arbeitsbedingungen nicht mehr länger als fraglos hinzunehmende Determinanten der ,condition humaine' gedeutet, sondern als kontingente – und damit immer auch verbesserungsfähige – Regeln verstanden worden[27]. Die Subjekthaftigkeit des Menschen, seine Personalität, waren *Vor*-gabe und *Auf*-gabe zugleich. Dadurch hatte sich der Handlungsspielraum des neuzeitlichen Staates entscheidend erweitert, der nun aber zugleich auch unter permanenten Rechtfertigungs- und Humanisierungsimperativen stand. Der neuzeitliche Souverän wandelte sich vom Objekt einer traditionell festgefügten Ordnung – sozusagen dem höchsten Mosaiksteinchen in der Lehenspyramide – zum verändernden und gestaltenden Subjekt dieser Ordnung.

Was sich nun am Übergang zum 21. Jahrhundert als Rückzug zentralistischer Steuerung einerseits bzw. als Bewegung vertiefter Partizipation andererseits abzeichnet, das läßt sich als Fortsetzung dieser neuzeitlichen Dynamik verstehen[28]. Sie bringt eine Erweiterung die-

---

[27] Erschienen die Rahmenbedingungen vorher als ,exogene' Faktoren, so sind sie nun sozusagen ,konzeptionell endogenisiert' worden.

[28] Mit der Betonung dezentralen Handelns soll die Bedeutung politischen Handelns auf der Ebene großer Nationalstaaten

ser Logik über den neuzeitlichen Souverän hinaus auch auf andere regionale Entscheidungsinstanzen. Rahmenbedingungen, die bisher zentral vorgegeben waren, werden im Kontext von Deregulierung und der Ermöglichung regionaler Unterschiede selbst zum Gegenstand gemeinsamer Gestaltungsleistungen. Die Forderung nach mehr Eigenverantwortlichkeit und unternehmerischem Denken, die in der Diskussion immer wieder zu Recht laut wird, muß in diesem Sinne flankiert werden durch eine Forderung nach mehr ordnungspolitischer Mitverantwortlichkeit für eine gemeinsame Gestaltung relevanter Rahmenbedingungen je individuellen Wirtschaftens. Wird erstere insbesondere an Arbeitnehmer gerichtet, so betrifft letztere auch und gerade die Wirtschaft. Nicht nur Arbeitnehmer müssen vom Anspruchsdenken gegenüber kollektiver Sicherung abrükken, auch wirtschaftliche Unternehmer müssen davon abrücken, ihrerseits funktionierende Rahmenbedingungen nur von Staat und Politik zu erwarten[29].

Eine solche Entwicklung läßt sich als Demokratisierung fassen, aber auch als Schärfung personaler Mitverantwortlichkeiten im Sinne eines christlichen Gesell-

---

bzw. im internationalen Raum nicht geleugnet werden. Nachgelagerte Instanzen werden ihre mitgestaltenden Funktionen nur dann erfüllen können, wenn diese – im Kontext einer subsidiär-ermächtigenden ‚Ordnungspolitik' – von der Zentrale ‚freigegeben' werden. Zudem werden entscheidende makroökonomische Rahmenbedingungen wie etwa die Handels-, Wirtschafts- und Währungspolitik weiterhin auf zentraler Ebene verhandelt und entschieden. Doch gerade die Fülle von Informationen und Gestaltungsmöglichkeiten komplexer Großgesellschaften würde einen autoritären Zentralismus hoffnungslos blockieren und damit Potentiale demokratischer Selbststeuerung unausgeschöpft lassen.

29 In bezug auf internationale Unternehmen habe ich dies in dem Beitrag Social Capital Investment, Property Rights and the Ethics of Win-Win. Why MNEs Should Invest in Institution Building of their Host Countries, in: H. Steinmann/B. Kumar (Ed.), Ethics in International Management, Berlin: de Gruyter 1998, 109–126 expliziert.

schaftsverständnisses. Eine solche Diktion macht noch einen anderen Aspekt deutlich: Mitentscheidungsmöglichkeiten und Mitverantwortlichkeit sind nicht zu verwechseln mit föderalistischer Blockadepolitik, wie wir sie seit Jahrzehnten immer wieder im deutschen Bundesrat erleben. Ordnungspolitische Mitverantwortung setzt die Bereitschaft voraus – dies zeigt das Beispiel kleiner Nationalstaaten –, gegebenenfalls die Kosten falscher Regelveränderungen auch selber tragen zu müssen und diese nicht auf einen Dritten abwälzen zu können. Ein Wettbewerb regionaler Beschäftigungsinitiativen[30] wäre in diesem Sinne kein Widerspruch, sondern ein stimulierendes Element einer neuen Bürgerkultur und verstärkter bürgerschaftlicher Selbstbestimmung auch über nationale Grenzen hinweg.

Die Arbeitsmarktpolitik des 21. Jahrhunderts wird sich nicht mehr am homogenen und arbeitsrechtlich gefaßten Status des Arbeitnehmers orientieren, sondern am Mitunternehmer, der durch seine verschiedenen Erwerbsphasen hindurch insbesondere auch Unternehmer seiner selbst und seiner Fähigkeiten sein muß. Die dabei entstehenden neuen Arbeits- und Lebensformen werden ungeheure Kreativitätspotentiale freisetzen und in manchen Bereichen wahre Produktivitätssprünge ermöglichen. Doch gleichzeitig damit gehen auch Solidaritätspotentiale verloren, die in die starren Regelungen der Arbeitnehmergesellschaft (wie ehedem in jene der statischen Agrargesellschaften) – oft verborgen – eingebaut waren. Es ist kein Geheimnis, daß manche Menschen aufgrund ihrer Ausbildung, Biographie und persönlichen Disposition wesentlich besser von den neuen Chancen profitieren können als andere, die nun vielleicht schneller an den Rand geraten. Mit der Fachdiskussion habe ich daher das neue Paradigma als ‚gestal-

---

30 Vgl. dazu André Habisch, Die Konkurrenz der konkurrenzfreien Räume. Sozialvermögen und die Zukunftsfähigkeit moderner Gesellschaften, in: F. Hinterberger/A. Renner (Hg.), Zukunftsfähigkeit durch Wettbewerb, Berlin 1998.

tete Arbeitsgesellschaft‘ (Mutz) bezeichnet. Im 21. Jahrhundert müssen in einem aktiven Prozeß neue Formen geschaffen werden, muß man zu – oft regional verschiedenen – neuen Arrangements kommen, um schwindende Solidaritätspotentiale zu reproduzieren. Dabei werden wir uns auch als christliche Sozialethiker ein neues Vokabular zulegen und mit den laufenden internationalen Diskussionen auseinandersetzen müssen, wenn wir denn den auch politischen Mitgestaltungsanspruch unserer Disziplin aufrecht erhalten wollen. Vielleicht wird dann irgendwann auch die frühneuzeitliche Diktion vom ‚Recht auf Arbeit‘ unter anderen Stichworten fortgesetzt – ein terminologischer Wandel, der sich hier und da schon abzeichnet.

Was bleibt, ist ein bestimmtes jüdisch-christliches Menschen- und Gesellschaftsverständnis, das jede Zeit vorandrängend auf ihre inhärenten Humanisierungspotentiale hin befragt. Dazu wird es die weltverändernde Kreativität und Mitverantwortlichkeit von Individuen und Gruppen nicht autoritär zu blockieren, sondern emanzipativ zu entfesseln versuchen. Dies ist auch die Maxime für den angemessenen Umgang mit einem ‚Recht auf Arbeit‘. Die Arbeitslosen und an den Rand Geratenen des 21. Jahrhunderts sind auf eine möglichst reiche Vielfalt entsprechender Vorschläge und Beiträge nicht weniger angewiesen als die Opfer und Leidenden vergangener Epochen.

Jörg Althammer

Entwicklungstendenzen der Erwerbsarbeit[1]

Die hohe und lang anhaltende Arbeitslosigkeit ist nach wie vor das zentrale wirtschaftspolitische Problem. Wie in anderen kontinentaleuropäischen Staaten, so hat sich auch in der Bundesrepublik Deutschland nach der ohnehin enttäuschenden arbeitsmarktpolitischen Bilanz der 80er Jahre die Beschäftigungssituation in den 90er Jahren nochmals verschärft. So zählt die Arbeitsmarktstatistik aktuell etwa 3,7 Mio. registrierte Erwerbslose; dies entspricht einer gesamtwirtschaftlichen Arbeitslosenquote von 9,1%, wobei die Quote in den alten Bundesländern bei 8,0% und in den neuen Bundesländern bei 17% liegt.

Dabei zeigt die amtliche Statistik noch nicht einmal das gesamte Ausmaß des Beschäftigungsproblems: addiert man zu den registriert Arbeitslosen noch die sog. „verdeckte Arbeitslosigkeit“ hinzu, also jene Personen, die sich in staatlichen Arbeitsbeschaffungsprogrammen befinden, die Teilnehmer an Fortbildungs- und Umschulungsmaßnahmen, die Empfänger von Altersübergangsgeld und die Bezieher von Altersrente wegen Arbeitslosigkeit sowie das Vollzeitäquivalent der Bezieher von Kurzarbeitergeld, so summiert sich die aggregierte Arbeitsplatzlücke in Deutschland schnell auf über 5 Mio. Personen; die Arbeitslosenquote inklusive der verdeckt Arbeitslosen liegt im Westen dann bei etwa 10%, in den neuen Bundesländern bei deutlich über 20%.

---

[1] Dieser Beitrag basiert auf einer umfassenderen Studie zur Arbeitsmarktentwicklung, die demnächst in der Reihe „Soziale Orientierung“ beim Verlag Duncker & Humblot (Berlin) erscheinen wird. Ausführlichere empirische Angaben und weitere Literaturhinweise sind dieser Studie zu entnehmen.

Noch besorgniserregender als der aktuelle Stand ist die mittelfristige Entwicklung der Unterbeschäftigung. Betrachtet man die Entwicklung der Arbeitslosenquote seit Mitte der 70er Jahre, so fällt auf, daß die Quote in den Rezessionsphasen erwartungsgemäß ansteigt, in der anschließenden Aufschwungphase jedoch nicht mehr auf das ursprüngliche Niveau absinkt. Die Zeitreihe der Arbeitslosenquote ist durch das gekennzeichnet, was in der Arbeitsmarktökonomik als „Hysterese-Phänomen" bezeichnet wird[2]; letztlich führt dies zu einem steigenden Trend der Zahl der Arbeitslosen wie der Arbeitslosenquote. Arbeitslosigkeit ist damit längst kein Problem zyklischer Konjunkturschwankungen mehr, sondern dauerhafter Natur.

Fragt man nach den Ursachen dieser Entwicklung, so wird von Teilen der Arbeitssoziologie und in der politiknahen Forschung häufig ein grundlegender soziostruktureller Wandel moderner Industriegesellschaften konstatiert. Ein zunehmend arbeitssparender technischer Fortschritt würde zu einem Anstieg der Arbeitsproduktivität führen, der den Produktionszuwachs übersteigt und damit den Faktor Arbeit zunehmend redundant werden läßt.

Bereits zu Beginn der 90er Jahre prophezeite der amerikanische Wirtschaftsjournalist Jeremy Rifkin in seinem Bestseller „The End of Work" eine arbeitslose Gesellschaft. In Deutschland wurde dieser Ansatz vor allem in den Gutachten der Kommission für Zukunftsfragen der Freistaaten Bayern und Sachsen unter dem Stichwort des „Endes der Erwerbsgesellschaft" themati-

---

[2] Strenggenommen müßte man zwischen Hysterese und Persistenz differenzieren. Hysterese liegt vor, wenn das System nach einem anfänglichen Schock dauerhaft auf höherem Niveau verharrt, obwohl die Ursache des Schocks bereits wieder entfallen ist. Unter Persistenz versteht man eine zeitlich verzögerte Anpassung des Systems an geänderte Rahmenbedingungen. Empirisch ist nicht eindeutig geklärt, ob der Verlauf der Arbeitslosenquote eher als Hysterese- oder Persistenzphänomen einzustufen ist.

siert. Danach bräche die um die Erwerbsarbeit zentrierte Gesellschaftskultur auf, Erwerbsarbeit verlöre seine Funktion der sozialen Einbindung breiter Gesellschaftsschichten. Als Folge dieser Entwicklung seien neue Formen der Arbeitsorganisation jenseits der tradierten Erwerbsarbeit nötig. Der aktuelle Diskurs um die Entwicklung einer „Bürgergesellschaft", civil society oder „Tätigkeitsgesellschaft" nimmt hier seinen Ausgangspunkt.

Allerdings sind gerade in den 90er Jahren Entwicklungen erkennbar, die nicht in dieses Bild der säkularen Erosion der Erwerbstätigkeit passen. So gibt es mit den Vereinigten Staaten, den Niederlanden oder Dänemark (mit Abstrichen auch Großbritannien) durchaus Volkswirtschaften, die beschäftigungspolitisch eine deutlich bessere Bilanz vorzulegen haben. Aber auch in der Bundesrepublik scheint sich der öffentliche arbeitsmarktpolitische Diskurs zu verschieben: bedingt durch den bereits erkennbaren Mangel qualifizierter Fachkräfte in einigen Branchen, vor allem aber aufgrund der prognostizierten demographischen Entwicklung, befürchtet man mittlerweile in absehbarer Zukunft eher einen Arbeitskräftemangel. Die Halbierung der Arbeitslosigkeit, vor einigen Jahren noch als Utopie belächelt, ja sogar die Rückkehr zur Vollbeschäftigung scheinen damit in greifbare Nähe gerückt zu sein.

Droht nun das Ende der Erwerbsgesellschaft, oder steht uns demnächst ein Mangel an Arbeitskräften bevor? Um diese Frage zumindest in Umrissen zu beantworten, wird in diesem Beitrag zunächst die Entwicklung am Arbeitsmarkt nachgezeichnet, dann werden absehbare Tendenzen in Umfang und Struktur der Beschäftigung erörtert. Abschließend wird die Entwicklung bestimmter Beschäftigungsformen thematisiert.

1. Die Entwicklung der Erwerbstätigkeit

Die empirisch gemessene Zahl der Arbeitslosen resp. die Höhe der Arbeitslosenquote ist das Ergebnis eines komplexen Ineinandergreifens von angebots- und nachfragedeterminierenden Faktoren. Bevor man sich mit den möglichen Ursachen des Beschäftigungsproblems auseinandersetzt, ist es deshalb sinnvoll, die Entwicklung der beiden Seiten des Arbeitsmarktes getrennt voneinander zu betrachten. Beschränkt man sich hier zunächst auf die zahlenmäßige Entwicklung der Erwerbspersonen, also der Beschäftigten zuzüglich der registrierten Arbeitslosen, sowie der offenen Stellen[3], läßt man also die zeitliche Dimension außer Betracht, so ergibt sich der in Abbildung 1 ausgewiesene Befund.

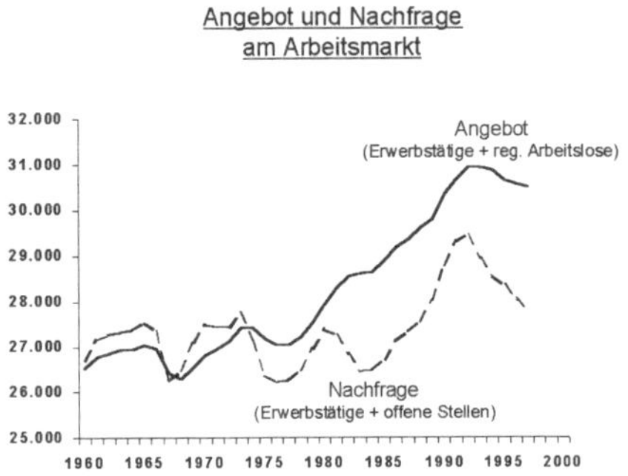

Wie die Abbildung zeigt, bewegen sich Angebot und Nachfrage in der Zeit von 1960 bis etwa Mitte der 70er Jahre mit zyklischen Schwankungen um einen annä-

[3] Auf der Angebots- wie auf der Nachfrageseite liegt damit eine Untererfassung vor; dem Arbeitskräfteangebot wäre bei umfassender Betrachtung noch die „stille Reserve" zuzurechnen, und die Zahl der offenen Stellen müßte um den Einschaltungsgrad der Arbeitsverwaltung korrigiert werden.

hernd konstanten Wert von etwa 26,5 Mio. Personen. Bis 1974 war der Arbeitsmarkt tendenziell durch eine aggregierte Übernachfrage gekennzeichnet, d. h. die Zahl der offenen Stellen überstieg die Zahl der registrierten Arbeitslosen. Dieses Bild ändert sich seit Anfang der 80er Jahre deutlich. So entwickelt sich das Arbeitskräfteangebot in den Jahren zwischen 1980 und 1995 sehr dynamisch, während die Arbeitskräftenachfrage noch bis Mitte der 80er Jahre weitgehend konstant blieb. Erst in der zweiten Hälfte der 80er Jahre beginnt die Arbeitskräftenachfrage zu steigen und liegt aktuell mit etwa 28 Mio. Beschäftigungsverhältnissen etwas unterhalb des Höchstwerts des Jahres 1992. Bezogen auf die Zahl der Beschäftigten läßt sich also festhalten, daß die Probleme des Arbeitsmarktes nicht etwa auf eine rückläufige Arbeitskräftenachfrage zurückzuführen sind, wie es die These vom „Ende der Erwerbsgesellschaft" unterstellt. Vielmehr ist es Deutschland – im Gegensatz zu den beschäftigungspolitisch erfolgreichen Volkswirtschaften – nicht gelungen, das gestiegene Arbeitskräftepotenzial in den Arbeitsmarkt zu integrieren.

Diesem Argument wird entgegengehalten, daß der ökonomisch korrekte Indikator zur Messung der Arbeitskräftenachfrage nicht die Zahl der Beschäftigten, sondern das Arbeitsvolumen, also das Produkt aus der Zahl der Beschäftigten und der durchschnittlich geleisteten Arbeitszeit sei. Zwar ist richtig, daß produktionstheoretisch das Arbeitsvolumen der geeignete Indikator zur Messung der tatsächlichen Arbeitskräftenachfrage der Unternehmen ist und daß Änderungen der effektiven Arbeitszeit den Beschäftigungsgrad beeinflussen können.[4] Und es trifft ebenfalls zu, daß das

[4] Teilweise wurde ja auch versucht, diesen Zusammenhang beschäftigungspolitisch auszunutzen. Man denke in diesem Zusammenhang nur an den Vorschlag, das als gegeben unterstellte Arbeitsvolumen durch Arbeitszeitverkürzung auf mehrere Köpfe umzuverteilen.

Arbeitsvolumen heute niedriger liegt als noch zu Beginn der 60er Jahre (vgl. Abbildung 2).

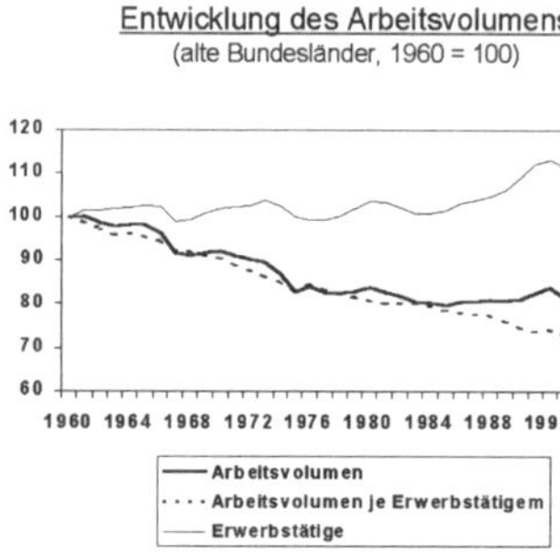

Es ist jedoch ausgesprochen problematisch, aus dem empirischen Befund direkt auf eine arbeitsmarktpolitische Krise schließen zu wollen. Denn wie die Abbildung ebenfalls zeigt, vollzog sich der signifikanteste Rückgang des Arbeitsvolumens in den 60er und in der ersten Hälfte der 70er Jahre – also in einem Zeitraum, in dem der Arbeitsmarkt noch durch einen Arbeitskräftemangel gekennzeichnet war. Der Rückgang des Arbeitsvolumens ist in dieser Phase ausschließlich auf die Verkürzung der Arbeitszeit zurückzuführen.

Diese Entwicklung deutet aber nicht auf eine Krise am Arbeitsmarkt hin, sondern zeigt lediglich, daß sich der zunehmende wirtschaftliche Wohlstand nicht nur in einem gestiegenen Einkommen, sondern auch in einer zunehmenden Freizeitnachfrage niedergeschlagen hat. Auf einen generellen Nachfragerückgang läßt dieser Befund also nicht schließen.

Wenngleich die Empirie keinen Beleg für einen generellen Nachfragerückgang am Arbeitsmarkt liefert, so bleibt doch die Frage offen, weshalb der Anstieg der Arbeitsplatzangebote nicht ausreichte, um das gestiegene Arbeitskräftepotenzial aufzunehmen. In diesem Zusammenhang findet sich häufig die Behauptung, durch technischen Fortschritt und Globalisierung habe sich der Zusammenhang zwischen Wirtschaftswachstum und Beschäftigung gelöst, so daß sich das Wirtschaftswachstum zunehmend vom Arbeitsmarkt entkoppelt; das Ergebnis ist „jobless growth", also wirtschaftliches Wachstum ohne nennenswerte Beschäftigungseffekte.

Aber auch diesem Argument fehlt jegliche empirische Evidenz. In den vorliegenden Untersuchungen[5] zeigt sich durchgängig, daß der Zusammenhang zwischen Wirtschaftswachstum und Beschäftigung nicht nur weiterhin gegeben ist, sondern sich im Zeitablauf sogar noch verstärkt hat. Verwendet man als Indikator beispielsweise die Beschäftigungsschwelle[6], also jene Wachstumsrate, ab der das Wirtschaftswachstum auf den Arbeitsmarkt übergreift, so zeigt sich, daß diese Beschäftigungsschwelle im Zeitablauf nicht nur nicht gestiegen, sondern sogar gesunken ist: während in den 70er Jahren noch ein Wirtschaftswachstum von etwas über 2,5% nötig war, um den Beschäftigungsgrad zu erhöhen, ist diese Schwelle im Verlauf der 80er Jahre auf 1,6% abgesunken. Gleiches gilt für die Schwelle bezogen auf das Arbeitsvolumen, wenngleich hier die Absolutwerte etwas höher liegen (hier ist ein Rückgang von 3,7% auf 2,6% feststellbar).

Der aktuelle beschäftigungspolitische Diskurs verlagert sein Augenmerk ohnehin mehr auf die Entwicklung des Arbeitskräfteangebots; dabei steht die Befürchtung im Vordergrund, daß sich die Entwicklung der vergangenen fünfzehn Jahre umkehren und sich

---

5 Vgl. Hof (1994), Weeber (1997).

6 Allerdings ist das Konzept der Beschäftigungsschwelle selbst nicht unproblematisch. So differiert die Beschäftigungsschwelle im internationalen Vergleich, d. h. daß bei identischen Wachstumsraten das Wirtschaftswachstum mehr oder weniger beschäftigungsintensiv ausfallen kann. Außerdem ist die Beschäftigungsschwelle keine volkswirtschaftliche Konstante, sondern sie ist im Zeitablauf deutlichen Schwankungen unterworfen.

mittelfristig wieder eine Verknappung des Arbeitskräftepotenzials einstellen könnte. Die Determinanten der Entwicklung des Arbeitsangebots sind vielfältig und interdependent. Die quantitative Entwicklung läßt sich im wesentlichen auf zwei Faktoren zurückführen: die demographische Entwicklung einerseits und die Entwicklung der Erwerbsbeteiligung andererseits.

1.1 Die demographische Entwicklung

Die Entwicklung des Arbeitskräftepotenzials wird zum einen durch die Entwicklung der inländischen Bevölkerung beeinflußt. So sind die 80er Jahre vor allem durch den Eintritt der geburtenstarken Jahrgänge ins Erwerbsleben gekennzeichnet, der insgesamt zu einem deutlichen Anstieg des Arbeitskräftepotenzials geführt hat. Seit 1972 übersteigt jedoch die Zahl der Todesfälle die der inländischen Geburten; insofern wirkt sich die demographische Entwicklung bereits seit einiger Zeit tendenziell entlastend auf den Arbeitsmarkt aus.

Neben den inländischen Geburten wird das Arbeitskräftepotenzial durch den Migrationssaldo der Erwerbsfähigen bestimmt. Im Gegensatz zur inländischen Bevölkerung ist diese Größe starken Schwankungen unterworfen und insofern kaum prognostizierbar, zumal das Ausmaß der Zuwanderung auch politisch determiniert ist. So belief sich der Wanderungssaldo zu Beginn der 70er Jahre noch auf 500.000 Personen jährlich, während er in der zweiten Hälfte der 70er und der ersten Hälfte der 80er Jahre fast ausgeglichen war. Zu Beginn der 90er Jahre stieg der Wanderungssaldo durch den Fall des Eisernen Vorhangs und die Umbrüche in den ehemals sozialistischen Staaten wieder abrupt an, wodurch der Anteil der Ausländer an der Gesamtbevölkerung von 7% (1987) auf mittlerweile fast 9% zunahm. In der zweiten Hälfte der 90er Jahre ist der Wanderungssaldo hingegen wieder fast ausgeglichen.

1.2 Die Entwicklung der Erwerbsbeteiligung

Das Angebot an Arbeitskräften ist neben der rein quantitativen Entwicklung des Erwerbspersonenpotenzials weiterhin von dessen Ausschöpfungsgrad, also der Erwerbsbeteiligung, abhängig. Hier besteht in den alten Bundesländern nach wie vor eine geschlechtsspezifische Differenzierung: männliche Erwerbspersonen zeichnen sich nach wie vor durch eine hohe Erwerbsorientierung aus. Vergleicht man die Erwerbsbeteiligung unterschiedlicher Altersgruppen in den Jahren 1960 und 1995, so nahm zwar die durchschnittliche Erwerbsneigung männlicher Personen leicht ab, allerdings ist dies im Wesentlichen durch einen hinausgeschobenen Berufseinstieg der jüngeren Kohorten und einen vorgezogenen Ruhestand der älteren Arbeitnehmer zu erklären. Für die Gruppe der 30–60jährigen dominiert nach wie vor die vollständige Erwerbsintegration.

Wesentlich differenzierter stellt sich die Entwicklung der Erwerbstätigkeit der Frau dar. Hier zeigt sich ein deutlicher Anstieg der Erwerbsquote über alle Altersgruppen hinweg. Eine Ausnahme stellt die Gruppe der jüngsten Frauen dar: hier überlagern sich statistisch gesehen die generelle Erhöhung der weiblichen Erwerbsquote mit der ebenfalls gestiegenen Bildungsbeteiligung. Bei allen übrigen Altersgruppen ist jedoch ein spürbarer Anstieg der Erwerbsneigung festzustellen, der bei den 40–50jährigen Frauen am deutlichsten ausgeprägt ist. Wertet man die amtliche Statistik nach soziostrukturellen Merkmalen aus, so wird deutlich, daß der Anstieg der Erwerbsneigung insbesondere auf die gestiegene Erwerbstätigkeit verheirateter Mütter zurückzuführen ist.

Wenngleich also die Entwicklung der im Inland geborenen Erwerbsfähigen relativ gut prognostizierbar ist (schließlich ist die Gruppe der im Jahr 2020 in das Erwerbsleben Eintretenden bereits geboren), so unterliegt die Prognose des Erwerbspersonenpotenzials doch einer gewissen Unsicherheit, die sich durch den nur schwer prognostizierbaren Migrationssaldo und die Entwicklung der Frauenerwerbsquote ergibt. Aktuelle Projektionen des Instituts für Arbeitsmarkt- und Berufsforschung ergeben daher Bandbreiten des Erwerbspersonenpotenzials, die von einer stetigen Abnahme (ohne Migration, konstante Erwerbsquote) bis zu einem leichten Anstieg (jährlicher Wanderungssaldo von 500 Tsd., obere Erwerbsquotenvariante) des Erwerbstätigenpotenzials bis 2025 reichen (vgl. Abb. 3). Berücksichtigt man noch die Unsicherheit in der Entwicklung der stillen Reserve, so ist ein rascher demographiebedingter Abbau der Arbeitslosenquote keinesfalls vorgezeichnet.

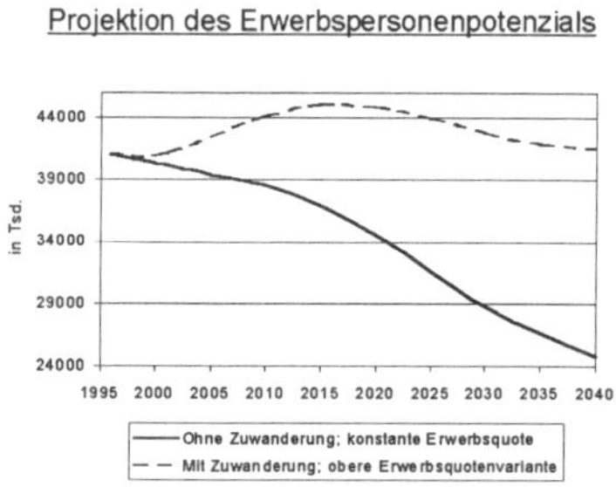

2. *Die institutionelle Ausgestaltung der Beschäftigungsverhältnisse*

2.1 Entwicklung der Beschäftigungsformen

Die reine Zahl der Beschäftigungsverhältnisse sagt natürlich noch nichts über deren Qualität aus. Selbst wenn sich anhand des empirischen Befundes kein „Ende der Erwerbsgesellschaft“ abzeichnet, so stellt sich doch die Frage, ob im Zuge der aktuellen wirtschaftlichen Entwicklung nicht eine Ausdifferenzierung tradierter Erwerbsverläufe und Beschäftigungsformen zu konstatieren ist, die – je nach wirtschaftspolitischem Standpunkt des Betrachters – entweder positiv als „flexibilisierte“, „innovative“ oder „moderne“ bzw. negativ als „prekäre“, „periphere“ oder „ungeschützte“ Beschäftigungsverhältnisse umschrieben werden.

Besondere Popularität hat in diesem Zusammenhang die These der Zukunftskommission von der „Erosion des Normarbeitsverhältnisses“ erlangt, wonach die traditionellen, arbeits- und sozialrechtlich geschützten Beschäftigungsverhältnisse tendenziell rückläufig seien: machten die Beschäftigungsformen dieses Typs zu Anfang der 70er Jahre noch über 80% aller Beschäftigungsverhältnisse aus, so reduzierte sich dieser Anteil auf mittlerweile ca. 60% (vgl. Tabelle 1). Bei anhaltendem Trend würden bis spätestens 2020 mehr als die Hälfte der Beschäftigten in atypischen Erwerbsformen tätig sein.

Bevor auf die empirische Untersuchung selbst eingegangen wird, soll zunächst auf die formale Definition des Normarbeitsverhältnisses eingegangen werden. Nach Bonß (1998) ist das Normalarbeitsverhältnis durch folgende Merkmale charakterisiert:

– Vollbeschäftigungsprinzip: beim Normalarbeitsverhältnis handelt es sich um ein Vollzeit-Arbeitsverhältnis, das auf einem unbefristeten Arbeitsvertrag beruht.
– Kontinuitätsprinzip: Die Erwerbstätigkeit zeichnet sich durch Kontinuität von der Ausbildung bis zur Rente aus; Unterbrechungen gelten als nur vorübergehend und letztlich unfreiwillig.
– Das Prinzip sozialer Einbindung: Über das Lohnarbeitsverhältnis wird zugleich die Absicherung existenzieller Lebensrisiken abgedeckt.
– Segmentierungsprinzip: Mit zunehmender Dauer der Integration in das Erwerbsleben steigen soziale und finanzielle Sicherheit.

Tabelle 1: Entwicklung alternativer Beschäftigungsformen

	absolut / *in Relation zu den abhängig Erwerbstätigen*											
	1970		1975		1980		1985		1990		1994	
Maßnahmen der aktiven Arbeitsmarktpolitik	134	*0,63*	630	*2,8*	402	*1,7*	607	*2,6*	587	*2,2*	647	*2,5*
Sozialversicherungspflichtige Teilzeitbeschäftigte	1050	*4,9*	1300	*5,8*	1664	*7,0*	1881	*8,0*	2396	*9,1*	2832	*10,9*
Befristet Beschäftigte	1000	*4,7*	1000	*4,5*	1200	*5,1*	1604	*6,8*	1839	*7,0*	1605	*6,1*
Ungeschützte Beschäftigungsverhältnisse*	1800	*8,4*	1800	*8,1*	2000	*8,5*	2500	*10,6*	3300	*12,6*	4920	*18,9*
Heim- u. Leiharbeit	256	*1,2*	160	*0,7*	195	*0,8*	206	*0,9*	289	*1,1*	251	*1,0*
Nicht-Normarbeitverhältnisse	4240	*19,8*	4890	*22,0*	5461	*23,1*	6798	*28,9*	8411	*32,1*	10255	*39,3*
Normarbeitsverhältnisse**	17155	*80,2*	17374	*78,0*	18174	*76,9*	16692	*71,1*	17764	*67,9*	15844	*60,7*
„Erweitertes" Normalitätskonzept***	18205	*85,1*	18674	*83,9*	19838	*83,9*	18573	*79,0*	20160	*77,0*	18676	*71,6*
Abhängig Erwerbstätige	21395	*100*	22264	*100*	23635	*100*	23490	*100*	26175	*100*	26099	*100*

* Summe aus ausschließlich geringfügiger Beschäftigung, geringfügiger Nebentätigkeit und abhängiger Selbständigkeit

** Differenz zwischen abhängig Erwerbstätigen und Nicht-Normarbeitsverhältnissen

*** Summe aus Normarbeitsverhältnissen und sozialversicherungspflichtiger Teilzeitbeschäftigung

Quelle: Buch / Rühmann (1998); eigene Berechnungen

Aus dieser Definition wird zweierlei deutlich: zum einen reicht das Konzept des Normarbeitsverhältnisses weit über den arbeitsmarktpolitischen Bereich hinaus, es umfaßt einen Großteil der sozialen Inklusion der Erwerbstätigen. Zum anderen kann das so definierte Normalitätskonzept nicht den Anspruch auf Allgemeingültigkeit erheben: die Merkmale Kontinuitäts- und Vollbeschäftigungsprinzip machen deutlich, daß die Normalitätsdefinition in der vorliegenden Form nur den Erwerbsverlauf männlicher Arbeitnehmer umfaßt, da bei Frauen neben der Erwerbsorientierung typischerweise die Familienorientierung als konkurrierende Betätigungsform hinzutritt[7].

Unterbrochene Berufsverläufe und Phasen der partiellen Arbeitsmarktintegration durch Teilzeitbeschäftigung zählen also durchaus zu den als „normal" zu typisierenden Verlaufsmustern weiblicher Erwerbsbiographien.

Eine mit dem theoretischen Konzept konsistente empirische Überprüfung müßte sich also entweder auf männliche Erwerbspersonen beschränken oder den zugrundeliegenden Normalitätsbegriff entsprechend weiter fassen. Die vorliegenden empirischen Untersuchungen nehmen diese Differenzierung jedoch nicht vor. Das den Ausführungen der Zukunftskommission zugrundeliegende Gutachten von Buch/Rühmann (1998) ordnet jegliche Form der Teilzeitbeschäftigung – gleichgültig, ob sozialversicherungspflichtig oder abgabenbefreit – den sog. „atypischen" Beschäftigungsverhältnissen zu, die zusammen mit der Gruppe der Beschäftigten in Maßnahmen der aktiven Arbeitsmarktpolitik die Summe der Nicht-Normalarbeitsverhältnisse ergeben.

Betrachtet man vor diesem Hintergrund die Absolutzahlen der alternativen Beschäftigungsformen, so sind wiederum zwei Ergebnisse auffallend: zum einen

---

[7] In der Literatur zu diesem Thema wird dies auch ganz deutlich herausgearbeitet; vgl. Bonß (1998).

ist die Zahl der Normalarbeitsverhältnisse im betrachteten Zeitraum nicht kontinuierlich rückläufig, sondern den Schwankungen der gesamten Erwerbstätigenzahl unterworfen. So stieg die Zahl der Normarbeitsverhältnisse im Verlauf der 70er Jahre sowie in der zweiten Hälfte der 80er Jahre erkennbar an und reduzierte sich jeweils in der ersten Hälfte der 80er und 90er Jahre. Rechnet man im Sinne eines „erweiterten" Normalitätskonzepts zumindest die sozialversicherungspflichtige Teilzeitbeschäftigung den Normalerwerbsverhältnissen zu, so ist generell kein Rückgang bei den Normarbeitsverhältnissen festzustellen: vielmehr stieg ihre Zahl von ursprünglich 18,2 Mio. (1970) auf ca. 18,7 Mio. in 1994. Auch die Verschiebung der Anteile fällt erkennbar schwächer aus: waren nach dieser umfassenderen Definition 1970 etwa 85% aller Erwerbstätigen in Normarbeitsverhältnissen beschäftigt, so sind es Mitte der 90er Jahre immerhin noch 71,6%.

2.2 Geringfügige Beschäftigung: ein sozial- und beschäftigungspolitischer Dauerbrenner?

Neben der sozialversicherungspflichtigen Teilzeitbeschäftigung ist die sozialversicherungsfreie sog. „geringfügige" Beschäftigung die zweite Erwerbsform, die in den letzten Jahren quantitativ erkennbar expandierte. Gerade die politisch so umstrittene Neuregelung der geringfügigen Beschäftigungsverhältnisse zum 1.4.1999 hat die Diskussion um Sinn und Notwendigkeit, aber auch um die statistische Erfassung dieses Teilsegments des Arbeitsmarktes neu belebt. Nach altem Recht lag ein geringfügiges Beschäftigungsverhältnis vor, wenn[8]

- die Beschäftigung weniger als 15 Std. in der Woche ausgeübt wurde und das Arbeitseinkommen ein Siebtel der Bezugsgröße (zuletzt 620 DM in den al-

[8] Vgl. Rudolph (1998).

ten und 520 DM in den neuen Bundesländern) nicht überschritt (diese Personen werden auch als „ausschließlich geringfügig Beschäftigte“ bezeichnet);

- die Beschäftigung weniger als 15 Std. in der Woche ausgeübt wurde und das Arbeitseinkommen zwar mehr als ein Siebtel der Bemessungsgrundlage, aber weniger als ein Sechstel des Gesamteinkommens im Sinn des Einkommensteuerrechts beträgt; diese Personengruppe wird als „geringfügig Nebenerwerbstätige“ bezeichnet.

Beide Formen werden unter der geringfügig entlohnten Beschäftigung subsumiert. Sofern die o. a. Entgeltgrenzen nicht überschritten werden und die Beschäftigung zwar mehr als 15 Wochenstunden beträgt, aber innerhalb eines Jahres auf zwei Monate bzw. 50 Arbeitstage begrenzt ist, liegt eine geringfügige kurzfristige Beschäftigung vor. Geringfügig Beschäftigte waren sozialabgabenbefreit und konnten auf Antrag mit einem vom Arbeitgeber zu entrichtenden pauschalen Steuersatz von 20% (zuzüglich Solidaritätszuschlag) belegt werden.

Geringfügige Beschäftigungsverhältnisse stellten damit zweifelsohne einen Fremdkörper im deutschen Steuer- und Sozialabgaberecht dar, da sie gegen zentrale Prinzipien der Finanzverfassung – etwa Einheitlichkeit der Besteuerung oder Besteuerung nach Leistungsfähigkeit – verstoßen. Begründet wurde dies in der Regel mit dem Hinweis auf einen fehlenden Niedrigeinkommenssektor; Norbert Berthold (1998) spricht in diesem Zusammenhang von einer „Insel der Flexibilität im Meer der Regulierungen“.

Allerdings ist die Geringfügigkeitsregelung auch allokationspolitisch nicht unproblematisch. Denn da bei Überschreiten der Geringfügigkeitsgrenze das Gesamteinkommen der Steuer- und Sozialabgabepflicht unterworfen wird, steigt die marginale Abgabenbelastung bei Überschreiten der Einkommensgrenzen deutlich an. Die Geringfügigkeitsgrenze konstituiert somit eine fiskalische Barriere, die eine Teilzeitbeschäftigung erst ab einer deutlich höheren Entlohnung wieder attraktiv macht.[9] Diese spezifischen Anreize zur Aufnahme einer geringfügigen anstelle einer sozialversicherungspflichtigen Teilzeitbeschäftigung wurden noch durch die Tatsache verstärkt, daß ausschließlich wie kurzfristig geringfügig Beschäftigte im System sozialer Sicherung unter die Regelungen der beitragsfreien Familienmitversicherung fielen; insofern ist es auch unzulässig, geringfügige Beschäftigungsverhältnisse pauschal als „ungeschützte“ oder gar „prekäre“ Beschäftigungsformen zu titulieren.[10]

2.2.1 Umfang und Struktur der geringfügig Beschäftigten

Da geringfügige Beschäftigungsverhältnisse nicht meldepflichtig waren, liegen keine amtlichen Statistiken über Höhe, Struktur und Entwicklung dieses Erwerbssegments vor. Der empirische Befund stützt sich insofern entweder auf Auswertungen repräsentativer Mikrodatensätze wie bspw. des Mikrozensus oder des sozioökonomischen Panels, oder auf eigenständig durchgeführte Originärerhebungen. Aufgrund unterschiedlicher Stichprobenumfänge und differierender Erhebungskonzepte ist es daher nicht überraschend, daß die Ergebnisse insbesondere hinsichtlich des Umfangs der geringfügigen Beschäftigung mehr oder minder stark voneinander abweichen.[11]

---

[9] Fuest u. a. (1999) sprechen in diesem Zusammenhang von einer „Niedrigeinkommensfalle“, die sich empirisch in einer Kumulation der Teilzeitbeschäftigung an der Geringfügigkeitsgrenze manifestiert.

[10] So sind fast alle geringfügig Beschäftigten krankenversichert; vgl. Bogai/Classen (1998).

[11] So ist begrifflich zwischen den geringfügig Beschäftigten und den geringfügigen Beschäftigungsverhältnissen zu unterscheiden. Da eine Person mehr als eine geringfügige Beschäftigung ausüben kann, ist die Zahl der geringfügigen Beschäftigungsverhältnisse natürlich größer als die Zahl der

Unabhängig von den ausgewiesenen Niveauunterschieden ist jedoch in allen empirischen Untersuchungen ein Anstieg der geringfügig Beschäftigten festzustellen (vgl. Tabelle 2). Es ist bekannt, daß die ausschließlich geringfügige Beschäftigung überwiegend von Frauen geleistet wird: so befanden sich im ersten Quartal 1999 ca. 3,1 Mio. weibliche Erwerbspersonen in ausschließlich geringfügigen Beschäftigungsverhältnissen, während die Anzahl der männlichen Arbeitnehmer mit 1,7 Mio. deutlich darunter liegt. Weniger geläufig ist die Verteilung der geringfügig Beschäftigten in der Einkommenshierarchie. So kumuliert diese Beschäftigungsform nicht etwa bei den untersten Haushaltseinkommen, sondern tritt gehäuft in der mittleren Einkommensschicht von 2500 DM bis unter 4500 DM monatlich auf.

2.2.2 Die Neuregelung der geringfügigen Beschäftigungsverhältnisse

Seit dem 1.4.1999 ist die Neuregelung der geringfügigen Beschäftigungsverhältnisse in Kraft. Dabei hat sich für die kurzfristigen geringfügigen Beschäftigungsverhältnisse keine Änderung ergeben, und auch für die ausschließlich geringfügig Beschäftigten ändert sich hinsichtlich ihrer Nettoeinkommensposition wenig: an Stelle der Pauschalbesteuerung tritt nun ein vom Arbeitgeber zu entrichtender Beitrag zur gesetzlichen Krankenversicherung in Höhe von 10% und zur Rentenversicherung in Höhe von 12%. Die Zahlungen an die Krankenversicherung begründen keine neuen Ansprüche[12], während durch die Beitragszahlung zur Ren-

---

geringfügig Beschäftigten. Aufgrund des unterschiedlichen Erhebungsdesigns ist darüber hinaus die Zahl der geringfügig Beschäftigten im Mikrozensus tendenziell untererfaßt; vgl. hierzu ausführlich Rudolph (1998).

[12] Es ist jedoch nochmals darauf hinzuweisen, daß geringfügig Beschäftigte in aller Regel bereits krankenversichert sind.

Tabelle 2:
Geringfügige Beschäftigung nach unterschiedlichen Datenquellen

	1987	1990	1991	1992	1993	1994	1995	1996	1997
Bundesgebiet West									
Mikrozensus – Personen in Tsd.									
Geringfügig Beschäftigte		1524	1432	1434	1402	1349	1605	1778	2036
- ausschließlich		1131	1084	1104	1051	1026	1098	1465	1722
- nebenerwerbstätig		363	348	330	351	323	507	313	314
ISG – Personen in Tsd.									
Geringfügig Beschäftigte	2823			3833					4910
- ausschließlich	2284			2616					3615
- nebenerwerbstätig	539			1217					1295
SOEP – Personen in Tsd.									
Geringfügig Beschäftigte			3532	3644	3842	4362	4569	4630	
- ausschließlich			2933	2973	3016	3471	3586	3473	
- nebenerwerbstätig			599	671	825	892	984	1158	
Geringfügige Beschäftigungsverhältnisse in Tsd.									
IAB/GFK/IFO ab 1989	2440	2725	2607	2613	3192	3541	3342	3030	3184
IAB-Betriebspanel					2881		3541	3758	3468
Bundesgebiet Ost									
Mikrozensus – Personen in Tsd.									
Geringfügig Beschäftigte			130	68	57	77	120	135	184
- ausschließlich			83	47	35	56	66	111	151
- nebenerwerbstätig			47	21	22	21	54	24	34
ISG – Personen in Tsd.									
Geringfügig Beschäftigte				620					724
- ausschließlich				363					596
- nebenerwerbstätig				257					127
SOEP – Personen in Tsd.									
Geringfügig Beschäftigte			395	397	431	576	648	754	
- ausschließlich			213	291	281	408	461	581	
- nebenerwerbstätig			181	106	151	169	187	172	
Geringfügige Beschäftigungsverhältnisse in Tsd.									
IAB/GFK/IFO ab 1989				83	127	176	184	193	247
IAB-Betriebspanel							163	204	215

Quelle: Rudolph (1998)

tenversicherung geringfügige Altersansprüche gemäß dem Äquivalenzprinzip entstehen. Der Arbeitnehmer hat jedoch die Möglichkeit, durch eigene Beitragszahlungen den Gesamtbeitrag auf 19% aufzustocken, er erwirbt hierdurch auch Ansprüche auf Leistungen im Fall der Berufs- oder Erwerbsunfähigkeit sowie zur Rehabilitation.

Eine deutliche Rechtsänderung ergibt sich für geringfügig Nebenerwerbstätige. Hier wird der zusätzliche Verdienst vollständig auf den Hauptverdienst angerechnet und ist damit in vollem Umfang steuer- und beitragspflichtig. Durch die Neuregelung ergab sich ein spürbarer Rückgang bei den geringfügig Beschäftigten: waren es im ersten Quartal 1999 noch 6,5 Mio., so reduzierte sich diese Zahl bis August 1999 auf 5,8 Mio. in Gesamtdeutschland (ISG 1999). Dieser Rückgang ist insbesondere auf die geringfügig Nebenerwerbstätigen zurückzuführen, deren Zahl sich von 1,7 Mio. auf 1,1 Mio. verringerte.

Ein weiteres, bislang noch wenig beachtetes Reformelement ist die Tatsache, daß die Geringfügigkeitsgrenze nicht mehr ein Siebtel der jährlich anzupassenden Bezugsgröße ist, sondern bei 630 DM monatlich festgesetzt wurde. Sofern diese Grenze dauerhaft beibehalten wird, ist zu vermuten, daß die Attraktivität und damit die Inanspruchnahme dieser Erwerbsform mittelfristig eher rückläufig sein dürfte.

3. Fazit

Faßt man den empirischen Befund zur Entwicklung von Umfang und institutioneller Ausgestaltung der Erwerbstätigkeit zusammen, so ergeben sich weder Hinweise auf eine exogen induzierte Krise am Arbeitsmarkt, noch ist eine schnelle und durchgreifende Verbesserung der beschäftigungspolitischen Situation vorgezeichnet.

Die unter dem Stichwort der „Erosion des Normarbeitsverhältnisses“ popularisierte Hypothese eines zunehmenden Bedeutungsverlustes sozial abgesicherter, dauerhafter Beschäftigungsverhältnisse ist bei näherer Betrachtung lediglich ein empirisches Artefakt. Der Rückgang des relativen Anteils dauerhafter Vollzeitbeschäftigungsverhältnisse ist im Wesentlichen auf den Anstieg der (sozialversicherungspflichtigen wie sozialversicherungsfreien) Teilzeitbeschäftigung zurückzuführen, der seinerseits ein Reflex der gestiegenen Erwerbstätigkeit der Frau ist. Da die temporäre Erwerbsunterbrechung während der Erziehungsphase und eine anschließende partielle Arbeitsmarktintegration nach wie vor zur Normalerwerbsbiographie von Frauen zählen, ist dies kein Hinweis auf eine krisenhafte Erscheinung am Arbeitsmarkt; das Konzept der „Erosion des Normarbeitsverhältnisses“ besteht somit noch nicht einmal den Konsistenztest.

Was die Zunahme sozialversicherungsfreier, geringfügiger Beschäftigungsverhältnisse angeht, ist diese eher eine Reaktion auf institutionelle Rahmenbedingungen als ein Krisensymptom. Durch ihre steuer- und sozialversicherungsrechtliche Privilegierung wurde diese Beschäftigungsform für Arbeitnehmer wie Arbeitgeber derart attraktiv, daß sich die Ausweitung der Teilzeitbeschäftigung in den letzten Jahren weitgehend auf dieses Teilsegment des Arbeitsmarktes beschränkte. Durch das Einfrieren der Geringfügigkeitsgrenze bei 630 DM ist davon auszugehen, daß die Bedeutung dieser Beschäftigungsform tendenziell abnehmen wird.

Aber auch die aufkeimenden Hoffnungen auf einen baldigen Abbau der Unterbeschäftigung aufgrund des demographischen Wandels könnten sich als zu verfrüht herausstellen. Zwar ist es richtig, daß die Zahl der altersbedingt aus dem Arbeitsmarkt Ausscheidenden größer ist als die der Neueintritte; es ist aber nicht sichergestellt, daß sich dies auch entlastend auf die Zahl der Arbeitslosen auswirkt. Denn zum einen hängt die Zahl der Erwerbspersonen nicht nur von demographischen, sondern auch von ökonomischen und politischen Faktoren ab. Bei entsprechender Entwicklung der Zuwanderung, weiterhin steigender Erwerbsneigung der Frau und einem deutlichen Rückgang der stillen Reserve kann der demographisch bedingte Rückgang des Erwerbspersonenpotenzials noch mehr als ein Jahrzehnt durch Änderungen in der Arbeitsmarktbeteiligung überkompensiert werden. Weiterhin ist die künftige Entwicklung der Arbeitsnachfrage natürlich ungewiß. Wenngleich beim Blick auf die aktuellen Daten eine konjunkturelle Entspannung feststellbar ist, besagt das noch nichts über die mittelfristige Entwicklung. Sofern bei anziehender Konjunktur die Lohnpolitik den Verteilungsspielraum wieder vollständig ausschöpft oder gar darüber hinausgeht, ist ein Rückgang der Arbeitskräftenachfrage nicht auszuschließen.

Schließlich ist weder theoretisch noch empirisch geklärt, wie sich die zunehmende Alterung des Erwerbspersonenpotenzials auf die Entwicklung der Arbeitsproduktivität auswirkt. Damit verbessern sich zwar gegenwärtig die Rahmenbedingungen am Arbeitsmarkt sowohl von der Angebots- wie von der Nachfrageseite; dies entläßt jedoch die Tarifvertragsparteien und den Staat nicht aus ihrer beschäftigungspolitischen Verantwortung.

Literatur

Berthold, N. (1998), 620-Mark-Jobs: Insel der Flexibilität im Meer der Regulierungen, in: Volkswirtschaftliche Korrespondenz der Adolf-Weber-Stiftung, 37. Jg., Nr. 2

Bogai, D., Classen, M. (1998), Abschaffung der Sozialversicherungsfreiheit für geringfügige Beschäftigung?, in: Sozialer Fortschritt, Heft 5, S. 112–117

Bonß, W. (1998), Arbeitsmarktbezogene Zukunftszenarien, in: Kommission für Zukunftsfragen der Freistaaten Bayern und Sachsen (Hrsg.), Erwerbstätigkeit und Arbeitslosigkeit in Deutschland: Entwicklung – Ursachen – Maßnahmen, Anlageband 3, Bonn, S. 49–106

Buch, H., Rühmann, P. (1998), Quantitative und qualitative Bedeutung von Nicht-Normarbeitsverhältnissen in Deutschland: Kommission für Zukunftsfragen der Freistaaten Bayern und Sachsen (Hrsg.), Erwerbstätigkeit und Arbeitslosigkeit in Deutschland: Entwicklung, Bewertung und Entlohnung von Erwerbsarbeit sowie Wirkungen der Globalisierung auf die Beschäftigung, Anlageband 1, Bonn, S. 7–59

Fuest, C. u. a. (1999), Geringfügige Beschäftigung: Arbeitsmarktwirkungen und Reformoptionen, in: Jahrbuch für Wirtschaftswissenschaften, Bd. 50, Heft 3, S. 213–229

ISG Institut für Sozialforschung und Gesellschaftspolitik/Kienbaum Management Consultants (1999), Geringfügig Beschäftigte nach der Neuregelung des 630-DM-Gesetzes, Studien der ISG Sozialforschung und Gesellschaftspolitik, Heft 27

Hof, B. (1994), Beschäftigungsschwelle und Wachstum – was besagt die Empirie?, in: ifo-Studien, Vol. 40, S. 127–144

Kommission für Zukunftsfragen der Freistaaten Bayern und Sachsen (1998), Erwerbstätigkeit und Arbeitslosigkeit in Deutschland: Entwicklung – Ursachen – Maßnahmen. Leitsätze, Zusammenfassung und Schlußfolgerungen der Teile I, II und III, München

Rifkin, J. (1995) Das Ende der Arbeit und ihre Zukunft, Frankfurt/M.

Rudolph, H. (1998), Geringfügige Beschäftigung mit steigender Tendenz, IAB-Werkstattbericht Nr. 9 v. 21.08.1998

Weeber, J. (1997), Wann führt wirtschaftliches Wachstum zu mehr Beschäftigung?, in: Wirtschaftsdienst, Heft 3, S. 180–184

Michael Neuhaus

Veränderungen in den Arbeits- und Produktionsstrukturen

Unsere Arbeitsstrukturen ändern sich. Bei Siemens ist der Weg von einem Elektrounternehmen zu einem Elektronikunternehmen gegangen worden. Zu den Produkten und Systemen ist – dem Markt folgend – verstärkt auch das Dienstleistungsgeschäft mit seinen Eigengesetzlichkeiten gekommen. Heute stehen wir an einer neuen Schwelle, dem Übertritt in das Informationszeitalter.

Wenn wir fragen, wie sich unsere Arbeitswelt vor diesem Hintergrund weiterentwickeln wird, müssen wir die Antwort da suchen, wo die Hauptströme von Strukturveränderungen sichtbar werden. Eine Prognose bleibt nach einem Scherzwort immer dann schwierig, wenn sie die Zukunft betrifft.

Ich möchte trotzdem gern ein paar Trendaussagen zu den Hauptströmen dieser Veränderungen machen:

- *Trend 1*: kurze Zyklen mit Auswirkung auf die Halbwertzeit des relevanten „Wissens“ der Mitarbeiter.
- *Trend 2*: starke Ausweitung von weltweiter Sprach-/Datenkommunikation mit Auswirkungen auf Ort und Zeit der Arbeit.
- *Trend 3*: komplexere und vernetzte Arbeitsprozesse mit Auswirkungen auf die Organisations- und Führungsstrukturen.

Dabei ist zu beobachten,

- daß der Markt auf diese Veränderungen *sofort* reagiert.
- Unternehmen stellen ihre Prozesse nur *kurzfristig* zeitverzögert auf Veränderungen um.

- Die tarifvertraglichen und betrieblichen Gestaltungsmittel im Personalbereich halten aber oft nicht Schritt mit den notwendigen Veränderungen.

Wie erfolgreich sich ein Unternehmen auf bevorstehende Veränderungen einstellt, beurteilt sich daher

- nach dem „Gespür für den Markt“,
- aber auch ganz entscheidend nach dem Geschick der Organisationsentwicklung, nach der Gestaltung der Ablaufprozesse und
- den Personalinstrumenten und -rahmenbedingungen.

Oder anders gesagt: wer bei Marktveränderungen die Entwicklung nicht rechtzeitig mitbekommen hat, kann durch schnelle Reaktion bei der Gestaltung seiner Ablauforganisation Boden gut machen. Wer auch dies nicht tut, hat nur noch die Hoffnung, seine Chancen durch schnelle Anpassung der Personalinstrumente nutzen zu können.

Ich möchte im folgenden an sechs Thesen erläutern, was diese Trends bewirken und aufzeigen, wie Siemens auf veränderte Rahmenbedingungen reagiert bzw. reagiert hat.

TREND 1:
Kurze Zyklen (z. B. bei Produktgenerationen) mit Auswirkungen auf die Halbwertzeit des relevanten „Wissens“ der Mitarbeiter.

These 1: Technisch-naturwissenschaftliches Wissen veraltet bei kurzer Zyklenfolge extrem schnell. Wertbildende Faktoren für die menschliche Arbeitskraft verändern sich. Der Unternehmenswert definiert sich (auch) nach dem Wissenswert.

Kernsatz: Von statischen (harten) zu dynamischen (weichen) Werten.

1.1 Arbeitsbewertung, Auswahl und Entwicklung von Mitarbeitern

Die Lebensdauer einer Produktgeneration sinkt. Damit auch die verfügbare Zeit, das Produkt zu vermarkten und eine Rendite auf das investierte Vermögen zu erzielen. Da die Produkte, Systeme und Anlagen zugleich aber immer komplexer werden, ergibt sich folgende Situation: die Zeit für die Entwicklung einer Produktgeneration ist länger als die Zeit, in der die Produkte vermarktet werden. Die Folge: parallele Entwicklungsprojekte, die so abgestimmt werden müssen, daß die nachfolgende Produktgeneration zu dem Zeitpunkt Marktreife erlangt, in dem das Vorgängermodell technisch/modisch veraltet ist.

Ein Unternehmen, das eine komplexe kurzzyklische Geschäftssituation bewältigen muß, kann nicht mehr mit hierarchischen Befehlsstrukturen operieren, es muß mit horizontalen Abstimmungen flexibel reagieren. Was bewirkt dies bei den Menschen, die in einem solchen Umfeld arbeiten?

Erstens: der Wert der Arbeit bestimmt sich nach anderen Kriterien als noch vor Jahren. Immer bedeutsamer sind sog. „weiche" Faktoren (Kommunikation / Führung & Soziale Intelligenz, Verantwortung & Durchsetzungsfähigkeit, ganzheitliches Denken / gemachte Erfahrungen, insb. konkrete Berufs- und Auslandserfahrung, etc.). Die anstehende Reform der Tarifverträge wird die Gewichtsverschiebung im Anforderungsgehalt einer Tätigkeit abbilden.

Zweitens: das Anforderungsprofil an den Stelleninhaber verschiebt sich. Der Mitarbeiter muß Spezialist in (s)einem Fachgebiet sein *und* die „weichen" Faktoren besitzen. Zum Wissen über das eigene Fachgebiet kommt das Wissen über die Geschäftsprozesse beim Kunden. Bei Siemens hat der Bewerber die besten Voraussetzungen, der zügig seinen Berufsabschluß gemacht und gezeigt hat, daß er praktisch und geschäftsorientiert arbeiten kann.

Drittens: Durch extrem schnelles Veralten technischer Standards verliert das Merkmal „Ausbildung" nach kurzer Zeit an Bedeutung. Der Mitarbeiter muß sich ständig berufsbegleitend qualifizieren, um seine „Beschäftigungsfähigkeit" (Employability) nicht einzubüßen.

1.2 Unternehmenswert

Auch die Feststellung eines Unternehmenswertes ist von den Änderungen in den Produktions- und Arbeitsstrukturen betroffen. Im Mittelalter konnte der hanseatische Kaufmann den Wert seines Unternehmens leicht inventarisch bestimmen, indem er den Wert seiner Hansekogge, seiner Waren und Goldstücke addierte und ggf. seine Schulden abzog. Das heutige Bilanzierungswesen funktioniert im Prinzip genauso: Anlagevermögen plus Umlaufvermögen minus Schulden gleich Unternehmenswert. Nun weiß aber jeder, daß der Aktienwert eines börsennotierten Unternehmens (Kurs mal Anzahl der ausgegebenen Aktien) sich so nicht vom Bilanzwert ableitet. Was macht denn die Differenz zwischen Aktien- und Bilanzwert aus? Die Erwartung der Anleger in bezug auf die Marktstellung des Unternehmens, die technische Kompetenz und Qualifikation der Mitarbeiter. So sind die astronomischen Börsenwerte von Start-up-Unternehmen der Internetbranche zu erklären, selbst wenn viele dieser Unternehmen bislang nicht einmal marktreife Produkte anbieten können und in ihrer kurzen Firmengeschichte mehrere hundert Millionen Dollar Verlust eingefahren haben. In der HiTech-Branche überwiegt der „weiche", nicht bilanziell erfaßte Wert des Mitarbeiter-Know-Hows in Leading-Edge-Technologien den Wert der akribisch aufaddierten Gebäude, Maschinen, Bestände und Forderungen um ein Vielfaches. Wir werden verstärkt lernen müssen, menschliches Wissen in ökonomische Dimensionen einzubeziehen. Eine auch bei Siemens praktizierte Konsequenz ist Wissensmanagement.

1.3 Wissensmanagement

Das Wissen der Mitarbeiter wird zunehmend als Rohstoff eines Unternehmens verstanden. Ein Unternehmen wertet auch das durch qualifizierte Ausbildung erworbene Wissen. Es ist aber bedeutsamer geworden, nicht (nur) danach zu fragen, was einer 'mal gelernt hat, sondern, ob er weiß, was die Kunden damit anfangen können und ob und wie er es versteht, dieses Wissen umzusetzen und in das Bewußtsein anderer Mitarbeiter im Unternehmen fortzutragen. Somit ist Wissen nicht nur ein wichtiger Rohstoff, sondern das einzige Asset, das sich durch Teilen vergrößert.

Große, dezentral organisierte und global handelnde Unternehmen haben bei Spezialisten ein besonderes Problem: man weiß, es gibt sie im Unternehmen; aber man weiß nicht immer unbedingt, wer und wo? Um den Rohstoff des Wissens in alle Teile des Unternehmens tragen zu können, entstehen im Rahmen eines Knowledge Managements Netzwerke – unterstützt durch Datenbanken verschiedenster Ausprägung, die Wissensträger ausweisen und deren Spezialkenntnisse unternehmensweit nachfragbar sind.

Im Bereich des Wissensmanagements gibt es fünf Ansatzpunkte:

- Stellenbesetzung nach Wissensprofil,
- Ressourcennutzung von Spezialisten,
- Strategisches Schließen einer akuten oder absehbaren Wissenslücke,
- Leistungsbemessung nach Wissenspotential,
- Konservierung durch Entkopplung des Wissens vom Wissensträger.

Bei Siemens sind in all diesen Segmenten vielfältige Erfahrungen gemacht worden:

- Projektdatenbanken geben über Entwicklungs- und Vertriebsprojekte Auskunft. Informationen, Erfahrungsberichte, Ansprechpartner sind „greifbar".
- Yellow Pages und Expert Directories funktionieren wie (elektronische) Branchenverzeichnisse, in denen sich Mitarbeiter mit ihrem Wissen und ihren Fähigkeiten für andere anbieten können.
- Künftige Stellenbesetzungen werden nach künftig notwendigem Wissen definiert. In einer Abteilung soll es zu einem Thema eine ausreichende Anzahl von Wissensträgern geben (keine Wissenslücke, keine -überkapazität, die an anderer Stelle fehlt).
- Selbstverständlich gehört auch eine zentrale webbasierte Job-Börse dazu.

TREND 2:
Starke Ausweitung von weltweiter Sprach-/Datenkommunikation mit Auswirkungen auf Ort und Zeit der Arbeit.

These 2: Moderne Kommunikationsmittel sind (kostengünstig) verfügbar. Damit erschließen sich neue Formen der Zusammenarbeit.
Kernsatz: Von der Anwesenheit zur Erreichbarkeit.

2.1 Wandel des Arbeitsplatzes

Das Bild vom Arbeitsplatz wandelt sich. Heute ist die bloße Anwesenheit am Arbeitsplatz aussagelos. Es kommt auf das Arbeitsergebnis an. Um für Kunden, Partner und Kollegen erreichbar zu sein, ist „Anwesenheit" heute nicht mehr unabdingbare Voraussetzung.

Moderne Kommunikations- und Arbeitsformen werden dort genutzt, wo das Gespräch von Mensch zu Mensch nicht zwingend erforderlich ist. Die technischen Brücken zu Kollegen und Kunden heißen Telefon, Remote LAN Access zum Computernetz des Arbeitgebers und Internet. Sehen wir uns zwei besondere Formen dv-unterstützter Arbeitsorganisation an: das Call Center und die Telearbeit.

2.2 Call Center

Unter dem Begriff Call Center (CC) werden unterschiedliche Organisationsformen zusammengefaßt. Gemeinsam ist diesen Erscheinungsformen, daß Menschen (Klienten) andere Menschen (Agenten) anrufen können und es unter Einsatz von Informationstechnologie zu einer Weitergabe von Mitteilungen kommt. So kennen wir z. B. „Melde- und Bestell-CC" (Notruf- oder Taxizentrale, Bestellung per Anruf im Versandhandel) und „Beratungs-CC" (von einfacher Telefonauskunft bis zum Sorgentelefon, zur komplizierten technischen Beratung). Während das „Bestell-CC" mit steigender Zugangsquote zum Internet weitgehend durch eCommerce abgelöst werden kann, wird die Beratung durch den CC-Agenten verstärkt in Erscheinung treten. Insbesondere im Bereich der Störungsannahme, Fehlerdiagnose, ggf. schon als Ferndiagnose, Ersatzteilwesen, Einsatzsteuerung von Servicetechnikern vor Ort.

Und wenn jemand nach Geschäftsschluß anruft, wird er per ACD (Anrufumleitung) zu einem Agenten im „nächsten" Call Center weitervermittelt, das nach dem „Tageslichtprinzip" vielleicht auf einem benachbarten Kontinent liegt. Dem Anrufer ist das egal: er zahlt nur den Ortstarif. Schon bevor sein Anruf von seinem CC-Agenten angenommen wird, erkennt die intelligente CC-Technik den Anrufer an seiner Telefonnummer und bringt dessen elektronische Kundenakte auf den Bildschirm des Agenten. Der sieht dann gleich die letzten Geschäftsvorfälle, die Bestellungen, Reklamationen, offenstehende Lieferungen oder Rechnungen, Gewährleistungsregelungen etc. vor sich und kann fundiert mit seinem Klienten reden.

Die Frage, was genau ein Call Center ausmacht, läßt sich wohl nicht generell beantworten; das Vorhandensein eines Telefons und eines Personal Computers macht einen Arbeitsplatz noch nicht zum Call Center; die nachfolgenden Kriterien haben indizielle Wirkung.

Bezeichnungskriterien	Technische Kriterien	Funktionale Kriterien
- Call Center - Hotline - Kundentelefon - Customer Care Center - Telefonische Bestellannahme - Störungsmeldung - etc.	- besondere Gestaltung des Telefonendgerätes (z. B. Headset) - ACD (Anrufumleitung zum nächstfreien Platz) - CTI (Verknüpfung von Computer und Telefon) - Ermittlung und Dokumentation von Anrufer, Gesprächszeit, Gesprächsverhalten - etc.	- Erreichbarkeit (zu definierten Zeiten) - ggf. Schichteinsatz - Zusammenfassung von mehreren gleichgearteten Arbeitsplätzen - Funktion als Single Entry Point von Informationen - etc.

Die Qualifikation der im CC arbeitenden Mitarbeiter ist je nach CC-Typus unterschiedlich: während für die fachliche Qualifikation eines Versandhausagenten die Kenntnis des Produktprogramms ausreicht, setzt die Beratung im HiTech-Segment oder bei Bank- und Börsengeschäften technische, kommerzielle und vertriebliche Expertise voraus. Gemeinsame Voraussetzung ist für alle Agenten: Telefonkompetenz, d. h. die Fähigkeit, zuhören und adäquat adressatengerecht kommunizieren zu können.

Die Technologie für Call-Center-Betreiber hat überdurchschnittliche Wachstumsraten in der IT-Branche: so wächst die Zahl der Berufsbilder im Call Center (Agenten) und um das Call Center (Herstellung und Vertrieb der technischen CC-Ausrüstung).

2.3 Telearbeit

Eine weitere Form der dv-unterstützten Arbeit ist die Telearbeit. Dabei ist nicht die im Schwerpunkt manuelle Billiglohnfertigung der Heimarbeit kennzeichnend, sondern die (technische) Fernverbindung mit Arbeitskollegen und Kunden über Telefon- und Datenleitung. Der Telearbeiter erbringt seine Leistung nicht mehr (ausschließlich) im Büro-Umfeld, sondern in seiner eigenen Wohnung, auf Reisen, beim Kunden etc. Das Spektrum der Tele-Tätigkeiten reicht von einfachen Schreibarbeiten bis hin zur Telefonakquise oder Software-Programmierung. Was sind die Vorteile der Telearbeit? Was soll erreicht werden?

- Größere Kundennähe,
- Produktivitätssteigerung,
- reduzierte Wegezeiten,
- bessere Flächennutzung,
- stärkeres Eingehen auf individuelle Mitarbeiterinteressen.

Telearbeit ist bei Siemens in drei verschiedenen Varianten ausgeprägt:

Die *reine Telearbeit* (Mitarbeiter arbeitet nur zu Hause, nicht im Büro) erweist sich nur in wenigen Fällen als vollwertige Alternative. Es fehlt hier an der persönlichen Anbindung im Team, am persönlichen „Augenkontakt". Nicht jede Tätigkeit eignet sich für die gänzlich isolierte Bearbeitung. Aufgaben, die ausschließlich oder entscheidend auf sozialer Interaktion und persönlicher Präsenz beruhen, werden nicht in vollem Umfang telearbeitsfähig sein. Reine Telearbeit ist daher von eher untergeordneter Bedeutung [bei Siemens in Deutschland etwa 50 Mitarbeiter]. Beim Einsatz von behinderten Mitarbeitern kann die reine Telearbeit aber durchaus eine Alternative sein.

Bedeutend ist die sog. *alternierende Telearbeit* (teils zu Hause, teils im Büro), bei der die Anbindung an den Arbeitsplatz und die zwischenmenschliche Kommunikation gewährleistet bleibt [so arbeiten bei Siemens etwa 1.000 Mitarbeiter in Deutschland; Tendenz steigend]. Bei der alternierenden Telearbeit ist zu berücksichtigen, daß die Büro- und Kommunikationsausstattung in der Regel sowohl im Büro als auch in der

Wohnung vorhanden sein muß. Im Durchschnitt ist ein investiver Aufwand von mehr als 10.000 DM dafür zu veranschlagen, der sich nur dann lohnt, wenn die Telearbeit an anderer Stelle zur Kostensenkung führt (z. B. durch Flächenreduzierung in Verbindung mit individuellen Job-Sharing-Programmen).

Insbesondere im Vertriebsbereich wird bei der *mobilen Telearbeit* die Hauptarbeit beim Kunden erbracht; die Siemens-Niederlassung ist fast schon zur „gelegentlichen Anlaufstelle" geworden. Über moderne Kommunikationseinrichtungen (Mobiltelefon und LapTop mit RLA) ist der Siemens-Repräsentant stets erreichbar [etwa 8.000 Mitarbeiter bei Siemens in Deutschland].

TREND 3:
Komplexere und vernetzte Arbeitsprozesse mit Auswirkungen auf die Organisations- und Führungsstrukturen.

These 3: Arbeitsleistung wird immer weniger in vorkonfektionierten Zeitstrukturen erbracht. Individuelle und betriebliche Belange drücken sich in flexibler Arbeitszeitgestaltung aus.
Kernsatz: Von der Regelarbeitszeit zur Arbeits(zeit)flexibilität.

3.1 Neuausrichtung der Gleitzeit

Alte Arbeitszeitsysteme, die es vereinzelt noch gibt, kennen ausschließlich feste Anfangs- und Endzeitpunkte der täglichen Arbeit. Eintretenden Kapazitätsänderungen kann in so einem Zeitkorsett nur mit Überstunden, Schichtmodellen, Kurzarbeit oder gar Entlassungen begegnet werden. Das entspricht schon heute weder den Unternehmensinteressen noch den Mitarbeiterbedürfnissen.

Siemens bietet in Deutschland über 100 grundsätzlich verschiedene Arbeits(zeit)modelle an. Eine zentrale

Datenbank beinhaltet die wichtigsten Merkmale dieser lokal unterschiedlichen Modelle. Einzelne Betriebe können so anhand von Modellen und Erfahrungen in anderen Betrieben professionell bei der Ausgestaltung ihrer eigenen Arbeitszeitmodelle beraten werden (Beispiel für internes „Benchmarking“ und „Knowledge Sharing“).

3.2 Klassische Gleitzeit

Die Bedürfnisse der Mitarbeiter, aber auch die Chancen für die Betriebe fanden sich in den ersten *Gleitzeitmodellen*, die die festen Arbeitszeiten ablösten. Zunächst traten an die Stelle der fixen Anfangs- und Endzeitpunkte flexible Zeitkorridore für Beginn und Ende der täglichen Arbeit. Auf eine Pflichtanwesenheit innerhalb einer sog. Kernzeit wollte man (zunächst) nicht verzichten.

Heute werden die Anwesenheitszeiten (elektronisch) erfaßt und in einem „Gleitzeitkonto“ saldiert, das der Mitarbeiter in einem definierten Rahmen durch Mehrabeit auf- und durch Freizeitnahme abbauen kann. Die meisten Gleitzeitregelungen bei Siemens sind so gestaltet, daß höchstmögliche Freiheit des einzelnen Mitarbeiters und die Aufrechterhaltung der betrieblichen Belange miteinander vereinbart werden können.

Einige Betriebe (16 bei Siemens) beginnen inzwischen, auf die Kontrolle und Saldierung der Gleitzeit zu verzichten. An- und Abwesenheit wird mit der Führungskraft abgesprochen. Das Unternehmen vertraut auf einen redlichen, verantwortungsbewußten Umgang mit dieser Gestaltungsfreiheit. Daher sprechen wir von *Vertrauensgleitzeit.* Die Erfahrungen mit dieser Gleitzeitform sind durchweg positiv.

3.3 Neue Tendenzen der flexiblen Arbeits(zeit)gestaltung

In Zukunft werden auch *Langzeitarbeitskonten* verstärkt Bedeutung gewinnen. Darin werden in Zeiten der Hochkonjunktur Arbeitsstunden „angespart". Bei fehlender Auslastung der Betriebe kann die Arbeitszeit ohne finanzielle Einbuße für die Mitarbeiter reduziert werden (die „angesparten Guthaben" werden abgebaut). Dadurch können Arbeitsplätze gesichert und die Kosten für Personalabbau, -aufbau und Qualifizierung verringert werden. Siemens setzt bei diesem Thema tendenziell auf die „Ansparung" von Zeitguthaben anstelle von „Geldguthaben" (so z. B. Volkswagen); wir wollen Arbeitsplatzsicherung, nicht Vermögensbildung betreiben.

Die flexiblen Arbeitsformen der Zukunft werden schon heute mit schillernden Begriffen belegt. Wann werden wir den *Portfolio-Worker* haben, der sich ohne Festanstellung bei einem Arbeitgeber seine Tätigkeiten in den Feldern aussucht, die er optimal abdeckt? Wann begegnet uns der *Cappuccino-Worker*, der neben seiner festen Hauptarbeitsstelle sich in einzelnen freien Tätigkeiten ein „Sahnehäubchen" dazuverdient?

These 4: Die Unterscheidung Vollzeit/Teilzeit wird nicht bestehenbleiben. Arbeitszeit wird zunehmend nach Aufgabeninhalten und Zielen definiert.
Kernsatz: Vom Zeitstandard zur Individualregelung.

4.1 Neuausrichtung der Teilzeit

Ein weiterer Flexibilisierungsansatz ist die *Teilzeit*, die bei Siemens in verschiedenen Formen vorkommt.

Ziel der vielbeachteten Teilzeitinitiative von Siemens sind die Verbesserung der Wettbewerbs- und Arbeitsmarktchancen (und dadurch bedingt die Sicherung von Beschäftigung), die individuellen Mitarbeiterinteressen (Vereinbarkeit von Berufs- und Privatleben) und die Verstärkung von Kundennähe.

Die Teilzeitquote lag vor der Initiative mit 5,5% eher im Mittel der deutschen Industrie. Heute sind über 8% der Mitarbeiter in den verschiedenen Teilzeitformen beschäftigt. Eine Folge der konsequenten „Vermarktung“ der Teilzeitarbeit im Unternehmen.

4.2 Welche Formen der Teilzeit gibt es?

Reduzierte wöchentliche Arbeitszeit: die Mitarbeiter nutzen die Teilzeit für mehr private Zeit, für Kindererziehung, Qualifizierung. Auch für den Einstieg bei Berufsbeginn hat die Teilzeit Vorteile: in geschäftlich ruhigen Zeiten können mehr junge Mitarbeiter auf Teilzeitbasis eine Perspektive erhalten. Außerdem: Es besteht kein Grund für die Einrichtung einer Vollzeitstelle, wenn die Aufgabe in einem geringeren Zeitpaket erledigt werden kann.

Um die Teilzeit testen zu können, bietet Siemens eine sog. *Schnupperteilzeit* an, bei der Mitarbeiter und Führungskraft für einen Zeitraum von drei Monaten ausprobieren können, ob die Teilzeit für beide Seiten Vorteile bietet.

Das *Sabbatical* gliedert sich in eine Arbeits- und in eine (bis zu 6-monatige) Freistellungsphase. Während des Gesamtzeitraumes erhält der Mitarbeiter ein reduziertes Einkommen. In der Arbeitsphase muß er vollzeitig arbeiten, in der Freistellungsphase ist er von der Pflicht zur Arbeitsleistung befreit (147 Siemens-Mitarbeiter sind zum Stand März 2000 in diesem Arbeitszeitmodell geführt).

Siemens hat eine eigene spezifische *Altersteilzeitregelung* mit der Arbeitnehmervertretung vereinbart: Im von 96% favorisierten Blockmodell arbeitet der Mitarbeiter in der Arbeitsphase vollzeitig bei gekürzten Einkommen. In der Freistellungsphase erhält er Einkommen ohne Arbeitsleistung weiter. Diese Form des

Übergangs vom Berufsleben in den Ruhestand findet hohe Akzeptanz bei den Mitarbeitern; z. Zt. sind bereits 2.960 Siemens-Mitarbeiter in Altersteilzeit (das entspricht fast einem Drittel der relevanten Altersgruppe).

These 5: In Zukunft wird Arbeitsleistung weniger nach „Fleiß und Schweiß“ bewertet, sondern nach dem wirtschaftlichen Erfolg des Prozesses bzw. des Geschäfts bemessen. Der Mitarbeiter wird bei der Zielerreichung stärker entscheidungsbeteiligt.
Kernsatz: Von der Bewertung des Inputs zur Bemessung des Outputs.

5.1 Leistungsentgelt im Wandel

Leistungsentgelte im Zeitlöhner- und Angestelltenbereich sind input-bezogen, d.h. es wird darauf abgestellt, was der Arbeitnehmer an Bemühungen um den Erfolg in seine Arbeit hineinsteckt (im wesentlichen sind unsere tarifvertraglichen Leistungsbewertungen im Gehalt und Zeitlohn davon geprägt: Fleiß und Leistungsbereitschaft, pfleglicher Umgang mit Arbeitsmitteln und gutes betriebliches Zusammenwirken sind Bewertungskategorien der Führungskräfte für die Mitarbeiter).

Im Akkordbereich ist an die Stelle des Inputs bereits der Mengenoutput getreten. Akkord ist aber nur bei Serienfertigung und regelmäßiger Akkordpflege einsetzbar. Der Akkord berücksichtigt nicht die Wirtschaftlichkeit des Arbeitsprozesses und des produzierten Gutes. So ist es nur folgerichtig, daß zur Verbesserung betriebswirtschaftlicher Kenndaten in einer Funktion oder einem Teilprozeß verstärkt einfache oder kombinierte Prämien eingesetzt werden, die insbesondere im kapitalintensiven Bereich eine Optimierung des wirtschaftlichen Outputs bewirken sollen. In der Regel sind dies Umsatz-, Spannen- oder Kostengrößen sowie Durchlaufzeiten u. ä..

5.2 Ergebnisorientierung

Ein nächster Schritt im Veredlungsprozeß der Leistungsentgelte ist eine konsequente Ergebnisausrichtung entlang der Wertschöpfungskette für eine gesamte Geschäftseinheit. Dies wird über ein kaskadenförmiges System von Zielvorgaben bzw. Zielvereinbarungen über alle Hierarchieebenen erreicht. Dabei ist die Führungsgröße der Geschäftswertbeitrag (Nachsteuerergebnis unter Abzug der Kapitalkosten). Bei Siemens wird derzeit das Einkommenssystem top-down auf den Geschäftswertbeitrag und dessen Treibergrößen ausgerichtet.

Wir befinden uns in einer Phase der verstärkten Ausrichtung auf den Mitarbeiter, der stärker an der Zielerreichung beteiligt wird. Das geschieht immer mehr durch Vereinbarung von Zielen zwischen Führungskraft und Mitarbeiter. Dabei möchte ich allzu romantische Vorstellungen gleich entkräften: es ist nicht so, daß der Mitarbeiter sich aussuchen kann, ob er an den Zielen des Unternehmens mitarbeiten will, oder ob er mit seinem Chef nicht eigene Ziele vereinbart. Die Geschäftsziele steckt die Unternehmensleitung ab, das ist ja auch ihre Aufgabe. Die Beteiligung des Mitarbeiters besteht im Rahmen der Zielvereinbarung in der Freiheit, weitgehend autonom über den Weg zur Erreichung des Ziels entscheiden zu können, ohne daß Vorgesetzte jeden Handgriff anweisen und sich jede operative Entscheidung vorbehalten. Durch Zielvereinbarungen werden Mitarbeitern Handlungsspielräume und Verantwortung übertragen.

These 6: Dezentrale kurzlebige Arbeitsorganisationen fordern andere Führungsinstrumente. Erforderlich ist die gegenseitige Rückmeldung von Mitarbeitern und Führungskräften. Zielvereinbarungen treiben Veränderungsmanagement.

Kernsatz: Von der Anweisung zum zielorientierten Dialog.

6.1 Führungswandel

Nach dem deutschen Arbeitsrecht ist die „Weisungsgebundenheit" das entscheidende Kriterium, das ein Arbeitsverhältnis von einem sonstigen Dienstleistungsverhältnis unterscheidet. Dem liegt das Bild eines Arbeitnehmers zugrunde, der ausschließlich auf Weisung seines Vorgesetzten Aufgaben „abarbeitet". Steigende Mitarbeiterqualifikation und -emanzipation, geänderte An- und Herausforderungen des Marktes führen vom „Vor-Gesetzten" zur „Führungs-Kraft" (beide Begriffe darf man wörtlich nehmen). Welche Führungsinstrumente treten an die Stelle der Anweisung? Ich denke, man kann die Fülle von Führungskonzepten auf zwei Wesenskerne reduzieren: Rückmeldung und Veränderung.

6.2 Rückmeldung

Zur Rückmeldung gehört die Kommunikation über alle Hierarchieebenen. Das schließt das offene Redenkönnen über Erfolge und Mißerfolge ein.

Mitarbeiter, Führungskräfte und Unternehmensleitung reden im *Mitarbeitergespräch* über Ziele, Aufgaben, Leistung und Erfolg, Perspektiven und Qualifikation miteinander. Das institutionalisierte jährliche Gespräch zwischen Führungskraft und Mitarbeiter ist im Bereich der Außertariflichen Mitarbeiter und der Angestellten der oberen Tarifgruppen obligatorisch. Der Mitarbeiter weiß danach genau, wo er z. Zt. beruflich steht.

Für Leitende Mitarbeiter wird im Rahmen des Mitarbeitergesprächs der *Siemens-Führungsrahmen (SFR)* angewandt. Es handelt sich dabei um ein Instrument der Selbst- und Fremdeinschätzung für Leitende Angestellte. Der Mitarbeiter beurteilt sich selbst und wird von seiner Führungskraft nach demselben Katalog von Leistungskriterien beurteilt. Beides geschieht schriftlich auf einem Formular bzw. über PC. Danach werden beide Einschätzungen verglichen, sie bilden eine Grundlage für ein Gespräch über die Zusammenarbeit und die Ziele der gemeinsamen Arbeit. Die Ergebnisse fließen in die Einkommens- und Förderplanung ein. Unterschiedliche Einschätzung von Mitarbeiter und Führungskraft müssen besprochen werden. Eine übereinstimmende Bewertung wird angestrebt, eine Pflicht zur Einigung besteht aber nicht. Insbesondere ist nicht beabsichtigt, aus differierenden Bewertungen einen „Mittelwert" zu bilden. Bedeutsam an dieser Vorgehensweise ist, daß die Anforderungen des Unternehmens an die Führungsqualitäten ihrer Leitenden Angestellten veröffentlicht sind und zur Meßlatte „guter Mitarbeiterführung" gemacht werden.

Unser Fazit des Siemens-Führungsrahmens:

- Führungskraft und Leitender Mitarbeiter kommen schneller auf den Punkt.
- Durch die strukturierte Form des SFR ist die Beurteilung differenziert, nachvollziehbar und glaubwürdig.
- Führungskräfte und Mitarbeiter können Verbesserungspotential klar identifizieren und Maßnahmen einleiten.

Alle Personalverantwortlichen erhalten im *Führungsgespräch* jährlich Feedback über ihr Führungsverhalten. Dabei sollen Veränderungen des Führungsverhaltens verbindlich durch Zielvereinbarungen geregelt werden.

Durch regelmäßige *Mitarbeiterbefragungen* wird die Zufriedenheit der Mitarbeiter gemessen. Daraus kann die Unternehmensleitung Handlungsbedarf erkennen und Verbesserungen einleiten.

6.3 Veränderung

In einer verstärkt dezentral und heterogen organisierten Arbeitswelt wird das, „was" bei Siemens erreicht werden soll, top-down über *Zielvorgaben und -vereinbarungen* kommuniziert. Damit übernimmt der Mitarbeiter immer mehr die alleinige Verantwortung über das „wie" der Aufgabenerfüllung. An die Stelle der Überwachung der Arbeit ist die Messung der erreichten Ziele getreten. Noch werden auch bei Siemens nicht alle Mitarbeiter mit/durch Zielvereinbarungen geführt. Die Hinwendung zum Führen mit Zielen ist aber auch außerhalb der Vertriebsbereiche in den letzten Jahren stärker ausgeprägt. Nicht zuletzt auch durch die Ausrichtung auf das EFQM-Modell.

Die *Vorteile* der Zielvereinbarung sind:

- daß überhaupt über Ziele und deren Verfolgung geredet wird und (möglichst) alle Mitarbeiter wissen, um was es geht;
- daß man sich auf die wesentlichen Erfolgsindikatoren ausrichtet, also daß alle am selben Strang ziehen und das noch in derselben Richtung;
- daß Erfolge meßbar werden und damit auch die Leistung eines Mitarbeiters „objektivierbar" ist;
- daß – wie erwähnt – die Freiräume des Mitarbeiters sich ausweiten.

Wir haben drei Trends in der Arbeitswelt näher betrachtet. Die Trendaussagen sind als solche nicht überraschend, vielleicht sogar banal. Es kommt aber weniger auf das (Er)kennen eines Trends an, sondern wie und wie schnell man im Unternehmen in einer für dieses Unternehmen sachgerechten Form reagiert.

Maximilian Wallerath

Der Öffentliche Sektor im Umbruch

I. Der Funktionswandel des modernen Staates

Das Thema, über das ich zu Ihnen spreche, greift weiter aus: Den Kern meiner Überlegungen bildet die Debatte um eine neue Standortbestimmung des öffentlichen Sektors. Die künftige Gestaltung der Arbeitswelt im öffentlichen Sektor wird nicht unmaßgeblich von dieser Debatte bestimmt; sie schimmert gleichsam permanent hinter den nachfolgenden Überlegungen durch. Die inzwischen weit fortgeschrittene Modernisierungsbewegung spiegelt einen grundlegenden Funktionswandel des neuzeitlichen Staates wider: Dieser war nicht zuletzt dazu angetreten, absolutistische und feudalistische Machtausübung durch eine legal-rationale Herrschaftsstruktur abzulösen. Dem entsprach vor allem die nähere Ausformung der rechtsstaatlichen Anforderungen an staatliche Machtentfaltung. Sie wurde Anfang des Jahrhunderts von *Max Weber* durch den Gedanken größtmöglicher Effektuierung in Form des Modells bürokratischer Organisation ergänzt. Das Modell gründete auf der Vorstellung rationaler Herrschaft auf der Basis des Rechts und überlegener Zweckmäßigkeit[1].

Ging es der „Moderne" noch um eine Verbindung von Wertrationalität und Zweckrationalität, so scheint die „Postmoderne" endgültig die Zweckrationalität auf ihre Fahnen schreiben zu wollen. Der Paradigmenwechsel findet Ausdruck in der Ökonomisierung sozialer Beziehungen, die jegliche Transaktion zwischen

---

[1] Vgl. *Max Weber*, Wirtschaft und Gesellschaft, Studienausgabe, bearb. von J. Winckelmann, 5. Auflage 1980, S. 541, 551 ff; hierzu: *Dietrich Budäus/Stefanie Finger*, Stand und Perspektiven der Verwaltungsreform in Deutschland, Die Verwaltung 1999, S. 133, 134.

Personen oder Institutionen unter der Perspektive eines kostenwirksamen Güter- und Leistungsaustauschs deutet[2]. Sie macht vor dem öffentlichen Sektor nicht halt. Damit sieht sich der moderne Staat, der mit dazu angetreten war, das Versagen des Marktes im Zuge der ersten industriellen Revolution zu heilen, selbst der Diagnose als „kranker Mann" ausgesetzt[3].

Die Therapie soll gleichsam von zwei Seiten greifen: Zum einen soll an die Stelle des überkommenen „big government" der *„schlanke Staat"* treten. Insoweit läßt sich – gleichsam in einer *Makroanalyse* – ein grundlegender Wandel des Staatsverständnisses beobachten. Es geht um eine Neujustierung der Anteile von Staat und Gesellschaft. Zum anderen werden privatwirtschaftliche Steuerungsinstrumente in die Binnensphäre des Staates übernommen und als Chance verstanden, den marktfernen staatlichen Institutionen mit Hilfe eines *„New-Public-Managements"* wettbewerbliche Strukturen und Handlungsorientierungen zu implantieren. Insoweit geht es – gleichsam in einer *mikroanalytischen* Sicht – um die Ebene der Binnenorganisation staatlicher Institutionen und damit um die möglichst optimale Nutzung der vorhandenen Ressourcen: Eine Vielzahl insbesondere von kommunalen Verwaltungen gleicht inzwischen einem großen Versuchslabor.

Das Arsenal von Therapeutika soll zugleich eine neue ordnungspolitische Botschaft vermitteln. Ihr geht es um die *„Entzauberung"* des modernen Staates[4]: An die Stelle der *wohlfahrtsstaatlichen* Orientierung tritt ein *minimalistisches* Staatsverständnis, an die Stelle

---

2 Vgl. *E. Nagel/W.R. Müller*, New Public Management: (k)ein Wandel ohne Kulturentwicklung (!), Basel 1999, S. 3.

3 Vgl. nur *Dietrich Budäus*, Organisationswandel öffentlicher Aufgabenwahrnehmung als Teil eines New Public Management, in: ders. (Hrsg.), Organisationswandel öffentlicher Aufgabenwahrnehmung, 1998, S. 99, 101.

4 *Gunnar Folke Schuppert*, Die öffentliche Verwaltung im Kooperationsspektrum staatlicher und privater Aufgabenerfüllung, Die Verwaltung 1999, S. 415, 431.

einer primär juridisch-politischen die einer primär *ökonomischen* Entscheidungsrationalität[5]. Der Paradigmenwechsel ist nicht frei von Demokratiekritik: Er folgt der zunehmenden Desillusionierung über die Steuerungskapazitäten des Staates, die in krassem Gegensatz zu der in der politischen Rhetorik nicht selten geltend gemachten Lösungskompetenz staatlicher Institutionen stehen.

II. Der öffentliche Sektor in den volkswirtschaftlichen Gesamtrechnungen

Der Umbruch des öffentlichen Sektors ist also in vollem Gange. Er kündigte sich seit langem an. Als Meßlatte für den Anteil des öffentlichen Sektors am Wirtschaftsprozeß wird in der öffentlichen Diskussion gewöhnlich auf die sog. Staatsquote abgestellt. Diese beschreibt das Verhältnis aller öffentlichen Ausgaben einschließlich der Ausgaben der Sozialversicherungsträger zum Bruttoinlandsprodukt, also zum Gesamtbetrag der in der Bundesrepublik erwirtschafteten volkswirtschaftlichen Gesamtleistung. Die Staatsquote beläuft sich derzeit in Deutschland auf gut 48% und liegt damit um rund die Hälfte höher als in Ländern wie den Vereinigten Staaten oder Japan[6].

Diese Meßlatte ist freilich nur mit einer gewissen Vorsicht zu verwenden: Zum einen sind die Ausgaben

---

5 Siehe *Budäus* (FN 3) S. 103 m. w. N.; *Frieder Naschold,* Modernisierung des Staates – Zur Ordnungs- und Innovationspolitik des öffentlichen Sektors, 1993, S. 17 f; *Werner Noll/Werner Ebert,* Organisationswandel aus verändertem Verständnis öffentlicher Aufgaben – Geeignete Institutionen aus spieltheoretischer Sicht, in: Budäus (FN 3) S. 61, 68; krit. *Manfred Röber*, Über einige Mißverständnisse in der verwaltungswissenschaftlichen Modernisierungsdebatte: ein Zwischenruf, in: Christoph Reichard/Dieter Wollmann, Kommunalverwaltung im Modernisierungsschub?, 1996, S. 98, 105.

6 *Zweiter Privatisierungsbericht der Sächsischen Staatsregierung*, 1999, S. 1.

für die Sozialversicherung Teil der Staatsquote, wenn das soziale Sicherungssystem – wie in der BRD – im Wesentlichen in öffentlich-rechtlicher Form organisiert ist, während die gleichen Aufwendungen bei einer anderen institutionellen Einbindung als Teil des Bruttoinlandsprodukts erscheinen. Es sind also unterschiedliche Kennziffern, mit denen bei einem internationalen Vergleich operiert wird. Zum anderen kann die Bewertung der öffentlichen Güter und Leistungen nicht wie für die übrigen Wirtschaftsbereiche vom Output her erfolgen, sondern sie muß vom Input, also von den Kosten der Leistungserstellung, ausgehen; insbesondere interne und externe Effekte der Leistungserstellung werden so nicht eigenständig zur Geltung gebracht. Dennoch ist ein Blick auf die volkswirtschaftlichen Gesamtrechnungen durchaus aussagekräftig, soweit es um eine Betrachtung in der *Zeitachse* geht. Insoweit fällt auf, daß die Zunahme der Staatsquote in Schüben erfolgte, die sich besonders deutlich zu Beginn der sechziger und siebziger Jahre vollzogen[7].

Betrug die Staatsquote 1960 noch 32,92% des BIP, stieg sie bis 1991 auf 48,6%. Im Jahre 1995 erreichte sie – nicht zuletzt einigungsbedingt – ihren Höchststand mit 57,5%; seit 1997 hat sie sich bei rd. 48,8% eingependelt. Ein Blick auf die OECD zeigt, daß in den 80er Jahren in den meisten Ländern eine rd. 30jährige Expansionsphase zu Ende ging. Überwiegend gelang es, die staatlichen Ausgaben in diesem Jahrzehnt zu konsolidieren; dennoch beliefen sich die Staatsausgaben auch noch danach bei rd. einem Drittel der OECD-Staaten auf ca. 50% des Bruttoinlandsproduktes[8].

Wo die sozialen Sicherungssysteme maßgeblich von Institutionen des öffentlichen Sektors verwaltet werden, gibt das Sozialbudget die entscheidenden zusätzlichen Informationen über die Aufschlüsselung der Staats-

---

[7] *Konrad Littmann*, Handbuch der Finanzwissenschaft Bd IV, 3. Aufl. 1983, S. 1016.

[8] *Frieder Naschold* (FN 5) S. 12 ff, 17.

quote. 1997 umfaßte das Sozialbudget einen Betrag von rd. 1.256 Mrd DM. Während die Sozialleistungsquote noch im Jahre 1970 lediglich 26,5% betrug, war sie zwischenzeitlich auf 32,6% angestiegen, um 1990 wieder knapp unter die 30%-Grenze zu fallen. Nach der Wiedervereinigung entwickelte sie sich kontinuierlich nach oben, wobei sich seit 1998 wiederum eine Umkehr abzuzeichnen scheint.

Die Aufschlüsselung des Sozialbudgets nach *funktionellen Kriterien* gibt die Zielrichtung, also die soziale „Begünstigungstendenz" der jeweiligen Sozialleistung, wieder. Hier zeigt sich, daß die Aufwendungen für Beschäftigungslosigkeit – kaum überraschend – am stärksten gewachsen sind. Deutliche Anstiege sind auch bei den Aufwendungen für die „Gesundheit" sowie für „Alter und Hinterbliebene" zu verzeichnen. Demgegenüber sind die sonstigen Aufwendungen – ebenfalls auf das BIP bezogen, also relativ gesehen – deutlich zurückgegangen (der Zunahme der Sozialhilfe entspricht ein entsprechender Rückgang bei den sozialen Entschädigungs- und den indirekten Leistungen).

Ausgeprägter noch sind die zwischenzeitlichen Entwicklungen auf der *Einnahmeseite.* Sie lassen sich anschaulich aus der Finanzstatistik erschließen. Vielen dürfte nicht bewußt sein, daß die Summe der Sozialversicherungsbeiträge bei weitem die der auf das Einkommen entrichteten Steuern übersteigt. 1997 stand einem Betrag von rd. 370 Mrd DM einkommensbezogener Steuern ein Beitragsvolumen in Höhe von 845 Mrd DM gegenüber. Eine intertemporäre Betrachtung zeigt, daß der Anteil der Steuern auf Einkommen seit 1980 deutlich zurückgegangen ist: Betrug er 1980 noch 61,5% des Beitragsaufkommens, so ging dieses Verhältnis bis 1997 auf 43,3% der Sozialversicherungsbeiträge zurück. Die Metamorphose des Steuerstaates in den Beitrags- (und Gebühren-)staat zeigt sich augenfällig. Daß dies als „Einengung politischer Handlungsspielräume zu interpretieren“ ist, wurde bereits zutreffend beobachtet[9].

Bemerkenswert ist schließlich die Entwicklung der *Zahl der öffentlich Bediensteten* in den vergangenen 50 Jahren. Diese ist zwischen 1950 und 1998 von 2,2 Mio auf 5,2 Mio gestiegen. Der Anteil der öffentlichen Bediensteten an der Zahl aller Erwerbstätigen in der Bundesrepublik ist damit von 8 auf 15,9% angewachsen[10]. Er hatte seinen Höchststand im Jahre 1992 mit über 6.6 Mio Beschäftigen im öffentlichen Dienst. Das entsprach einem Anteil an der Zahl der Erwerbstätigen von 20%. Seit dem Jahre 1992 ist freilich ein deutlicher Rückgang zu verzeichnen: Inzwischen ist die Zahl der öffentl. Bediensteten auf 3,95 Mio gesunken. Das entspricht einer Reduktion von insgesamt 30%; selbst ohne die hiervon in erster Linie betroffenen neuen Bundesländer betrug der Rückgang noch rd. 20%. Auch dies findet seine Parallele in den anderen westlichen Industriestaaten. Immerhin weist ein Drittel aller OECD-Staaten einen Beschäftigungsanteil des öffentlichen Sektors von rd. 20% aller Erwerbstätigen auf[11].

Nimmt man die einzelnen „*Verwendungsbereiche*“ näher ins Visier, so zeigen sich auch hier einige bemerkenswerte Trends: In den 50er Jahren expandierte insbes. die allgemeine Verwaltung und die politische Führung, in den 60er Jahren der Bereich der Verteidigung. Das Bildungswesen hatte seine größte Expansionskraft in den 60er und 70er Jahren. Die Personalausstattung im Bereich des Rechtsschutzes entwickelte sich kontinuierlich bis Ende der 80er Jahre nach oben, um seitdem auf relativ hohem Niveau zu stagnieren. Klare Verlierer der letzten 30 Jahre waren das Verkehrs- und

9 *Littmann* (FN 7) S. 1016, 1018.

10 *Zweiter Privatisierungsbericht* (FN 6) S. 2.

11 *Naschold* (FN 5) S. 17. Zum Abbau der Bundesbediensteten in den USA: *Klaus König/Joachim Beck*, Modernisierung von Staat und Gesellschaft, 1997, S. 109.

Nachrichtenwesen sowie die Wirtschaftsunternehmen in öffentlicher Hand.

III. Hintergründe der Diskussion um die Staatsmodernisierung

Der hinter diesen Zahlen stehende Umbruch des öffentlichen Sektors hat inzwischen alle entwickelten Staaten erreicht. Den entscheidenden Antrieb hierfür bezieht er aus einer eigentümlichen Mischung der Reaktion auf den Wandel der Verhältnisse, politischer Geschäftigkeit und einem durchaus nachvollziehbaren theoriegestützten Ansatz[12], der sich freilich inzwischen anschickt, sich zu einem ideologienahen ökonomischen Universalismus auszuweiten. Ihm entspricht ein verändertes Leitbild von einem zeitgemäßen Staatswesen.

1. Das veränderte Leitbild – der Wandel des Staatsverständnisses

Das neue Leitbild findet seinen theoretischen Überbau in der „Neuen Institutionen-Ökonomie", wie sie in den 70er Jahren in den Vereinigten Staaten entwickelt wurde[13]. Sie verbindet die Besonderheit der vom staatlichen Sektor zu produzierenden Güter mit der Theorie kollektiven Handelns[14]. Diese basiert ihrerseits auf dem

---

12 In Gestalt der „Ökonomik" weist sie eine moderne, sozialwissenschaftliche Variante auf, die das ökonomische Paradigma auch in nicht-ökonomischen Zusammenhängen verwendet; hierzu namentlich *Christian Kirchner*, Konferenzergebnisse, in: Christoph Engel/Martin Morlok (Hrsg.), Öffentliches Recht als ein Gegenstand ökonomischer Forschung, 1998, S. 316, 319.

13 Siehe *Vincent* und *Elinor Ostrom*, Public Choise: A Different Approach to the Study of Public Administration, in: Public Administration Review, H. ^{2}1971, S. 203–216; hierzu *Budäus* (FN 3) S. 102ff.

14 *Budäus* (FN 3) S. 110.

Konzept des methodischen Individualismus, d. h. dem Theorem vom nutzenmaximierenden Verhalten des Individuums. Aufgegriffen wurde das neue Leitbild in den 80er Jahren vor allem von Großbritannien und den Vereinigten Staaten. Beide entfernten sich – deutlicher noch als in der Vergangenheit – von wohlfahrtsstaatlichen Gesellschaftsmodellen und trieben die Reform des Staatswesens voran[15].

Der so propagierte „*schlanke Staat*" produziert weniger und kauft – wenn es denn sein muß – mehr ein[16]. Das so gewandelte Staatsverständnis spiegelt sich in der Metapher, nach welcher der Bürger „*Kunde*" der Verwaltung ist. Die eingängige Methapher vom Bürger als Kunden ist freilich durchaus verfänglich, nivelliert sie doch das jeweilige Umfeld von öffentlichem und privatem Sektor wie auch den durchaus unterschiedlichen Status von Bürger und Marktteilnehmer.

Die gewandelte, primär ökonomisch bestimmte Rolle des Staates hat Konsequenzen für das Verfassungsverständnis: Der „*Verfassungsstaat*" wird „*auf Diät*" gesetzt, indem er auf wenige Staatskernfunktionen zurückgeführt wird[17]. Aufgaben, die – bisher nicht hinterfragt – gleichsam wie selbstverständlich dem öffentlichen Sektor zugewiesen waren, sollen „entstaatlicht" und wieder in stärkere gesellschaftliche Verantwortung übernommen werden. Damit wird eine weitreichende „Metamorphose des Staates vom Nationalstaat zum Mitgliedsstaat"[18] absehbar – und zwar eine

---

15 *Nagel/Müller* (FN 2) *S. 3; Naschold* (FN 5) S. 17 ff; s. a. *Christoph Reichard*, Institutionelle Wahlmöglichkeiten bei der öffentlichen Aufgabenwahrnehmung, in: Budäus (FN 3) S. 121.

16 *Karl Oettle*, Verkleinerungen von Leistungsprogrammen („lean production") in öffentlicher Wirtschaft und Verwaltung, in: Budäus (FN 3) S. 155.

17 *Axel Kämmerer*, Verfassungsstaat auf Diät?, Juristenzeitung 1996, S. 1042 f, 1046.

18 *Udo di Fabio*, Das Recht offener Staaten, 1998, S. 125 f; *R. Nickel*, Gleichheit und Differenz in der vielfältigen Re-

Metamorphose in einem doppelten Sinn: Einerseits wandelt sich der traditionelle „Bürgerstaat" zum bloßen *Einwohnerverbund*, andererseits vom Nationalstaat zum *Mitgliedsstaat* in größeren Staatengemeinschaften: Die vollzogene Änderung des Staatsangehörigkeitsrechts hält ein erstes Signal für den Wandel in Richtung des Einwohnerverbundes, die Vergemeinschaftung ein solches für den Wandel zum Mitgliedsstaat bereit. Deutsche Rentner verbringen ihren Lebensabend lieber in Miami als in weniger sonnigen Gefilden, indische Softwareingenieure sollen sich in Deutschland eine größere Rendite von ihrem „Know-how" als in ihrem Heimatland versprechen können[19].

Mit der „*Entgrenzung*" von Staaten entwickeln sich diese zu Agenturen in einem internationalen Geflecht unterschiedlicher Akteure mit zunehmender Einbindung in Entscheidungsprozesse, die sich staatlichen Alleingängen verschließen[20], in denen sich aber auch Legitimationsstränge verflüchtigen und Kontrolle verdünnt. Die Suppression des Nationalstaates und dessen zunehmende Schwäche, sich den ökonomischen Ansprüchen einer global agierenden Wirtschaft entgegenzustemmen[21], kennzeichnet die Transformation der Bürgergesellschaft zur transnationalen Wettbewerbsgesell-

---

publik, 1999, S. 16 ff; *Christian Walter*, Die Folgen der Globalisierung für die westeuropäische Verfassungsdiskussion, Deutsches Verwaltungsblatt 2000, S. 1,7; *Rolf Grawert*, Gesellschaftswandel und Staatsreform in Deutschland, Der Staat 1999, S. 333, 350.

19 Vgl. *Grawert*, Der Staat 1999, S. 350

20 *Manfred Baldus*, Übertragung von Hoheitsrechten auf ausländische Staaten im Bereich der Sicherheitsverwaltung, Die Verwaltung 1999, 481, 482, 504; *Walter*, DVBl 2000, S. 8.

21 Freilich nicht nur diesen; siehe die Meldung: „Regierung fürchtet Angriffe aus dem Internet", Die WELT vom 3.4.1999, S. 11, mit dem Szenario eines „Cyber War", der sich gegen Energieversorgung, Gesundheitswesen oder Polizei richten könne.

schaft[22]. Dieser von der Ökonomie gespeiste Ansatz erhält eine kaum weniger indolente Schützenhilfe von politikwissenschaftlicher Seite, wenn dort eine an die Stelle traditioneller „Staatsvergottung“ getretene „Verfassungsvergottung“ ausgemacht wird, um so die (durchaus verständliche) Forderung nach einer stärkeren Abkehr von der „deutsche(n) Tradition der Staatsmetaphysik“ zu unterlegen[23].

2. Der Gedanke des Wettbewerbs

Der sichtbar gewordene *Dissens* in einer grundlegenden gesellschaftlichen Fragestellung folgt offenkundig unterschiedlichen Antriebskräften. Hierzu gehört einerseits, daß Juristen eher einen ungetrübten Glauben an die Steuerungskraft von Normen mitbringen; das mag sie auch in stärkerem Maße anfällig für Lösungsmodelle machen, die vor allem auf den Staat und dessen regulatives Instrumentarium setzen. Andererseits ist nicht von der Hand zu weisen, daß die Ökonomie Gefahr läuft, der Lösungskompetenz des Marktes einen wenig belastbaren Vertrauensvorschuß einzuräumen.

Sieht man freilich etwas genauer hin, so zeigt sich, daß die Strukturen von *Kompetenz* und *Markt* unterschiedlichen Legitimationsgründen und Zielen folgen: In den Kategorien der allgemeinen Grundrechtslehre ausgedrückt, geht es rechtlicher Steuerung um die Schaffung von Rahmenbedingungen für den Gebrauch grundrechtlicher Freiheit und die Sicherung von Gleich-

---

[22] Vgl. *Stephan Lutz*, Europa wird geentert, Rhein. Merkur vom 7.1.2000, Nr. 1, S. 11 unter Hinweis auf *Lester C. Thurow*, Die Zukunft des Kapitalismus, 1996; s. a. *Grawert*, Der Staat 1999, S. 350 sowie *Walter*, DVBl 2000, S. 2, 9 ff zu den sich daraus ergebenden Konsequenzen für die europäische Verfassungsdiskussion.

[23] Siehe *Martin Greiffenhagen/Sylvia Greiffenhagen*, Ein schwieriges Vaterland – Zur politischen Kultur im vereinigten Deutschland, 1993, S. 87.

heit, während die Selbststeuerung im Wettbewerb und damit durch den Markt dem grundrechtlichen Freiheitsgebrauch entspricht. Umgekehrt entspricht es klassischem rechtsstaatlichen Verständnis, daß der Staat selbst durch verfassungsrechtlich rückgebundene Zuständigkeiten und Kompetenzen und gerade nicht durch grundrechtliche Freiheit konstituiert ist.

Allerdings ist auch die staatliche Kompetenzordnung Ergebnis wie Ausdruck einer bestimmten Ausformung des Wettbewerbsgedankens. So stützt sich das staatliche System traditionell auf eine eigene Form des Wettbewerbs, nämlich in Form von periodisch wiederkehrenden „Wahlen". Auch wenn es angesichts vielfältiger (mehr oder weniger offener) Grenzüberschreitungen den Anschein hat, als ob dieses Wettbewerbselement allein nicht mehr als ausreichend angesehen wird, die anstehenden Probleme zu lösen, gilt es, dieses speziell ausgeformte Strukturelement, das im Kern alternativenlos ist, im Auge zu behalten.

Überdies ist Konkurrenz in Form von *dezentraler* Aufgabenwahrnehmung und *Wettbewerbsföderalismus* eine auch auf staatlicher Ebene bekannte Figur des Leistungsvergleichs (durch Kennzahlen: „Bench-marking"). Neu ist freilich, daß sich der „Wettbewerb" auch im öffentlichen Sektor in beträchtlichem Umfang von der nationalen Ebene auf die globale Ebene verlagert hat; hieraus resultieren vielfache Handlungszwänge, denen sich nationale Entscheidungsinstanzen nur noch in Grenzen entziehen können[24]. Schließlich läßt sich Wettbewerb – und dieser Aspekt findet zunehmendes Interesse in der Modernisierungsdiskussion – binnenorganisatorisch organisieren[25]. Auf diese Weise läßt sich dessen Funktion des „Entdeckungsverfahrens" zur Feststellung von Fehlerquellen und Ineffizienzen für

---

[24] *Budäus*, in: ders. (FN. 3) S. 101.

[25] *Klaus König,* Verwaltungsmodernisierung im internationalen Vergleich. Acht Thesen, Die öffentliche Verwaltung 1997, S. 265, 266.

Organisationsentwicklungen zunutze machen. Das kann sich auch in Form eines „*virtuellen Wettbewerbs*“ durch schlichten Leistungsvergleich mit anderen Verwaltungen vollziehen. Interner Wettbewerb kann schließlich so weit gehen, daß sich Organisationseinheiten innerhalb eines Verwaltungsbetriebes in Ausschreibungsverfahren gegen private Konkurrenz durchsetzen müssen, um den Auftrag zu erhalten.

Aufschlußreich ist insoweit eine Stellungnahme des Leiters der Planungsabteilung im Kanzleramt, *Wolfgang Nowak*, im „Rheinischen Merkur“.[26] Nowak führt aus: „In Zukunft wird ein soziales System möglicherweise über private Versicherungen, die öffentliche Zuweisungen erhalten, die sozialen Ansprüche des Einzelnen individualisieren müssen. Eine Auszahlung wird davon abhängen, was der Empfänger zu leisten bereit und in der Lage ist, damit die Auszahlung schnell wieder überflüssig wird ... Sozialleistungen können nur noch als Übergangslösung bis zum Wiedergewinn des zahlungslosen Zustandes angesehen werden. Aber zur Zeit sind die Erfolgskriterien der sozialen Leistungen noch weitgehend unklar. Sozialhilfe als Hilfe, die Verantwortung für das eigene Leben wieder wahrzunehmen, könnte auch von privaten Organisationen unter starker staatlicher Aufsicht mit rigoroser Erfolgskontrolle geleistet werden“.

Die dahinter stehende *Bürokratiekritik* ist nicht neu und findet mancherlei Grundlage in der Empirie[27]. Dem Autor scheint freilich gar nicht bewußt zu sein, daß der Vorschlag im Kern ein *Politikversagen* offenlegt: Wer hindert die Politik denn – wenn nicht sie selbst – daran, derlei unangenehme Einschnitte, so sie denn angebracht sind, auch innerhalb der vorhandenen Strukturen zu besorgen? In Wahrheit zeigt der Vorschlag, daß sich die

---

[26] *Wolfgang Nowak*, Die Zeit läuft, in: Rhein. Merkur vom 14.1.2000 (Nr. 2) S. 5.

[27] *Wallerath*, Verwaltungserneuerung, Verwaltungsarchiv 1997, S. 1, 2 m. w. N.

politische Ebene selbst nicht (mehr) zutraut, die erforderlichen Schritte in eigener Verantwortung zu tun. Der private Sektor wird hier als möglicher Problemlöser vorgeschoben, wo es eigentlich darum geht, die Selbstheilungskräfte zu mobilisieren.

Natürlich steht eine stärkere Orientierung an der Wirtschaftlichkeit auch dem öffentlichen Sektor gut zu Gesicht. So sind die von der ökonomischen Theorie ins Gespräch gebrachten neuen Steuerungsinstrumente in der Lage, den Handlungsspielraum der politischen Entscheidungsebene zu erweitern. Sie erstrecken das Spektrum der Instrumente über die Alternativen des rein marktlichen Wettbewerbs oder der zentralen Steuerung hinaus und stellen eine Vielfalt von Koordinationsformen zur Diskussion[28]. Damit wird der Weg frei für unterschiedliche Steuerungsmechanismen, die ebenso regulative wie nicht regulative, positive wie negative monetäre Anreize, Zertifikats- wie Verbotslösungen umfassen.

Die reflexive Steuerungstechnik ist inzwischen im Bereich des *Umweltrechts* überraschend weit fortgeschritten, angefangen von der kooperativen Abfallbeseitigung über Kompensationslösungen beim Immissionsschutz bis hin zu Benutzervorteilen für lärmreduzierte Flugzeuge. Ein Grund hierfür ist – neben der Erfahrung relativer Ineffizienz regulativer Politik – nicht zuletzt die Besonderheit, daß ökologische Belastung als Ziel relativ klar bestimmbar ist, so daß hier die Instrumente flexibel gehandhabt werden können: Deren Wirkungen bleiben unabhängig von der Methode meßbar und damit kontrollierbar.

Die stärkere Berücksichtigung der Fähigkeit zur Selbstregulierung hat Auswirkungen bis in weite Bereiche des Schnittfeldes von Staat und Gesellschaft: Beschränkt man staatliche Verantwortung auf eine bloße *Gewährleistungsfunktion*, so ist angefangen von der Gefahrenvorsorge über die öffentliche Sicherheit bis

[28] *Werner Noll/Werner Ebert* (FN 5) S. 61, 70.

hin zum Leistungsangebot in der Arbeitslosen-, Pflege- und Krankenversicherung nichts mehr der potentiellen privatwirtschaftlichen Lösung entzogen.

Dennoch: Der Staat nimmt eine „*Zwitterstellung*" ein: Er ist auf betriebliche Organisation angewiesen und hat über die ihm zu Gebote stehenden Ressourcen schonend zu verfügen, zugleich aber hat er doch einen spezifischen Gemeinwohlauftrag wahrzunehmen, der sich nicht in einer ökonomischen Betrachtung erschöpft[29]. So hat *Friedrich von Hayek*[30] schon vor Jahren bemerkt, die Marktordnung könne ihrerseits nicht sicherstellen, „daß das wichtigere Ziel einen Vorzug vor dem weniger wichtigen genießt". In der Tat kann die Ökonomie in vielen Fällen sagen, auf welchem Wege bestimmte Bedürfnisse am besten zu befriedigen sind, aber sie kann nicht erklären, welche Bedürfnisse Anerkennung und welche nicht Anerkennung verdienen, welche Priorität genießen und welche im Konfliktfall zurückzutreten haben. Schon gar nicht kann sie selbst bestimmen, welche Güter verkehrsfähig sind und welche dem Tauschgeschäft entzogen sein sollen[31]. Die Unterscheidung zwischen Entscheidungsziel und instrumenteller Seite entspricht denn auch nicht nur methodischer Zweckmäßigkeit.

---

29 *Karl Oettle*, Elemente der Ökonomisierung des Verwaltungshandelns, Die Verwaltung 32 (1999), S. 291, 297; ders. (FN 16) S. 157, 161.

30 *Friedrich A. von Hayek*, Recht, Gesetzgebung und Freiheit, Band 2: Die Illusion der sozialen Gerechtigkeit, 1981, S. 156 (Hervorhebung vom Verf.); ähnl. *Thurow* (FN 22) S. 407.

31 Dies ist denn auch der Kern der „Sloterdijk-Debatte"; hierzu *Thomas Laubach,* Nachrichten aus dem Menschenzoo – Theologisch-ethische Anmerkungen zur Sloterdijk-Debatte, in: Stimmen der Zeit 2000, H. 1, S. 18, 20; s. a.: Wir werden Kriege um Gene führen – Warum ich gegen die Patentierung des Menschen klage – Ein Gespräch (von J. Mejias) mit *Jeremy Rifkin*, FAZ vom 11.4.2000, Nr. 86, S. 49.

Deshalb kann das Gedankenspiel von *David Friedman*[32] um die Handelbarkeit von Staatsbürgerschaften auch nicht verfangen: Werde – so *Friedman* – ein Land von seiner Regierung „schlampig" geführt, so wären die Staatsbürgerschaften entsprechend billig. Ein klug kalkulierender Geschäftsmann werde eine große Zahl von Staatsbürgerschaften günstig aufkaufen, eine kompetente Regierung wählen und dann ein Vermögen damit machen, die Staatsbürgerschaften zu einem höheren Preis wieder abzustoßen. In der Zwischenzeit könne der Unternehmer das Bürgerrecht verpachten. Noch rationaler kann man den Weg zur Plutokratie in der Tat nicht beschreiben; spätestens dieses Bild macht klar, daß das *Wahlrecht* aus gutem Grund nicht – oder sollte man sagen: noch nicht – käuflich ist[33]. Das Beispiel zeigt zugleich, daß die Modernisierung des Staates alles andere als ein „*wertfrei lösbares kalkulatorisches Optimierungsproblem*" ist[34]. Mehr noch: Es belegt, daß „Recht" eben nicht nur eine Steuerungsleistung erbringt. Es erfüllt auch und nicht zuletzt eine Legitimations-, Ausgleichs-, Verantwortung zurechnende und eine Macht begrenzende Funktion[35].

---

32 *David Friedman,* Der ökonomische Code. Wie wirtschaftliches Denken unser Handeln bestimmt, 1999, S. 151, 202; hierzu *Muriel Büsser,* Was kostet die Welt? Rhein. Merkur Nr. 6/2000, S. 14.

33 *Muriel Büsser* (FN 32) S. 14.

34 So aber *Peter Ulrich,* Systemsteuerung und Kulturentwicklung. Auf der Suche nach einem ganzheitlichen Paradigma der Managementlehre. In: Die Unternehmung, 1984, H. 4, S. 303–325; ders., Betriebswirtschaftslehre als praktische Sozialökonomie. Programmatische Überlegungen, in: R. Wunderer, Betriebswirtschaftslehre als Management- und Führungslehre, 3. Aufl. 1995, S. 179, 185; krit. hierzu *Nagel/Müller* (FN 2) S. 4.

35 *Rainer Wahl*, Organisation kommunaler Aufgabenerfüllung im Spannungsfeld von Demokratie und Effizienz, in: H. G. Henneke, Organisation kommunaler Aufgabenerfüllung, 1998, S. 15, 16.

1. Staatsaufgaben und Staatsziele

Geht das von einer ökonomischen Sicht geleitete Staatsverständnis vor allem dahin, daß der Staat sich auf seine *Kernaufgaben* zurückzieht, so zeigt sich eine neue Schwierigkeit: Es fehlt weithin an einem Einvernehmen, daß es überhaupt originäre Kernaufgaben des Staates gibt[36]. Tatsächlich ist es das letztlich dem Wähler verantwortliche Parlament, das im Rahmen der verfassungsrechtlichen Vorgaben entscheidet, welche Aufgaben es als öffentlich wahrzunehmen betrachtet und welche nicht.

Entscheidungstheoretisch steht hinter diesem Auftrag die Frage, was der Markt u. U. besser, gleich oder weniger gut als der Staat leisten kann. Einen Zugang dazu läßt sich nur unter Rückgriff auf Inhalt und Qualität der staatlichen Aufgaben gewinnen. Allgemein läßt sich hierzu sagen, daß es bestimmte öffentliche Aufgaben gibt, die von hoher Spezifik oder „strategischer Relevanz" für das Gemeinwesen sind[37] – und das heißt auch und nicht zuletzt: für die Sicherung von Wertvorstellungen zugunsten der darin lebenden Individuen. Diese sind es, die von öffentlichen Einrichtungen sowohl gewährleistet wie auch selbst produziert werden sollten; hierzu werden gewiß die Funktionen Gesetzgebung und Rechtsprechung zu zählen sein[38], nach manchen auch die innere Sicherheit. Nicht zuletzt staatliche Institutionen (i. w. S.) sind dazu aufgerufen, einer möglichen Fragmentierung der Gesellschaft durch Integration zu begegnen, „Macht" zu begrenzen und einen Ausgleich zwischen Leistungs-, Bestands- und Verteilungs-

---

[36] Hierzu insbes. *Kämmerer*, Juristenzeitung 1996, S. 1042 ff; s. a. *Budäus/Finger*, Die Verwaltung 1999, S. 313, 320, 336.

[37] *Naschold* (FN 5) S. 46.

[38] *Kämmerer*, JZ 1996, S. 1042, 1046.

gerechtigkeit herzustellen. Dies kann der „Markt“ allein nicht leisten. Im übrigen wäre es kaum einsichtig, wenn die Entscheidungsstruktur des Staates im Kern auf marktmäßige Austauschverhandlungen bauen würde, wiewohl gerade er dazu berufen ist, die Voraussetzungen eines funktionierenden Marktes zu schaffen und zu gewährleisten[39]. Bei anderen öffentlichen Aufgaben kann es dagegen sehr wohl ausreichen, wenn der Staat ihre Erfüllung, gegebenenfalls gekoppelt mit bestimmten Qualitäts- und Kostenstandards, für den Bürger sicherstellt, ohne selbst Produzent von Gütern zu sein.

2. Verantwortungsteilung: Die Privatisierungsdiskussion

Das führt zu einem Modell *abgestufter Verantwortung*, wie es in jüngerer Zeit zunehmend diskutiert wird. Dem entsprechen drei Grundtypen der Verwaltungsverantwortung, die wir als Erfüllungs-, als Gewährleistungs- und als Auffangverantwortung beschreiben können[40]: Soweit der Staat die *Erfüllungsverantwortung* trägt, nimmt er die Aufgabe selbst in eigener Regie wahr. Die *Gewährleistungsverantwortung* eröffnet die Möglichkeit der Zusammenarbeit mit nicht staatlichen Akteuren bei staatlicher Regulierung und Überwachung. Hierzu wird man in weitem Umfang die Bereithaltung einer angemessenen Infrastruktur zu zählen haben, also etwa die Versorgung mit Wasser und Energie, die Entsorgung, die Telekommunikation, die Verkehrswege sowie die Luftüberwachung. Die bloße *Auffangverantwortung* kommt zum Tragen, wenn eine Agende dem Grundsatz

[39] *Ulrich Penski,* Staatlichkeit öffentlicher Verwaltung und ihre marktmäßige Modernisierung, Die Öffentliche Verwaltung 1999, S. 85, 95 m. w. N.

[40] *Gunnar Folke Schuppert*, Die öffentliche Verwaltung im Kooperationsspektrum staatlicher und privater Aufgabenerfüllung: Zum Denken in Verantwortungsstufen, Die Verwaltung 1999, S. 415, 423.

nach dem privaten Sektor überlassen werden kann, der Staat sich aber die Möglichkeit der Nachsteuerung und der Abfederung durch subsiduierende Maßnahmen vorbehält.

Wie unschwer erkennbar, nähert sich die „*Auffangverantwortung*" – wenngleich von einem durchaus eigenständigen Ausgangspunkt her – dem in der katholischen Soziallehre entwickelten Grundsatz der *Subsidiarität*. Sie weist nicht nur dem am wirtschaftlichen Erfolg orientierten privaten Sektor eine neue, verstärkte Rolle zu, sondern eröffnet gleichsam ein eigenes Institutionenspektrum zwischen Staat und Markt, das häufig mit dem Begriff des „dritten Sektors" umschrieben wird. In diesen finden vielfache intermediäre Formen eines „Public-Private-Mix" Eingang, z. B. kulturelle Stiftungen, Prüf- und Kontrolleinrichtungen, Umweltverbände, Wirtschaftsförderungsgesellschaften, konventionelle gemeinnützige Träger und neue soziale Bewegungen.

Der Gedanke der Verantwortungsteilung ist auf die Art der staatlichen Aufgaben bezogen. Das Maß der Aufgabenteilung findet in den unterschiedlichen Organisations- und Privatisierungsformen seinen Niederschlag. Die Bemühungen um eine Privatisierung können freilich ganz unterschiedliche Formen annehmen, hinter denen durchaus divergierende Ordnungsvorstellungen stehen[41].

Mißt man das *verfassungsrechtliche Koordinatensystem* aus, in das die Privatisierungsdiskussion hineingestellt ist, so zeigt sich, daß der Staat über einen relativ großen Spielraum im Hinblick auf die Form der Wahr-

---

[41] Näher: *A. von Hagemeister*, Die Privatisierung öffentlicher Aufgaben, 1992, passim; *L. Osterloh* und *H. Bauer*, Privatisierung von Verwaltungsaufgaben, VVDStRL 54 (1995), S. 204 ff, 243 ff; *M. Schmidt-Preuß* und *U. di Fabio*, Verwaltung und Verwaltungsrecht zwischen gesellschaftlicher Selbstregulierung und staatlicher Steuerung, VVDStRL 56 (1997), S. 160 ff, 235 ff; *Friedrich Schoch*, Privatisierung von Verwaltungsaufgaben, DVBl 1994, S. 962 ff.

nehmung öffentlicher Aufgaben verfügt[42]. Der Bestand von Aufgaben, die sich einer – auch nur teilweisen – Verlagerung in den privaten Sektor von vornherein entziehen, ist äußerst begrenzt. Er wird im übrigen weniger von einer gegenständlich ausgerichteten Staatsaufgabenlehre vorgezeichnet als von den fundamentalen Staatsfunktionen, die Staatlichkeit gleichsam strukturell konstituieren und legitimieren[43].

Immerhin hält das GG für einzelne Agenden ein ausdrückliches *Privatisierungsgebot* bereit (so Art. 87f GG für das Postwesen und die Telekommunikation sowie Art. 87e III GG für die Eisenbahnen des Bundes, für die zumindest eine Organisationsprivatisierung vorgesehen ist). Für andere Bereiche hat das GG eine Privatisierung ausdrücklich frei- und damit dem einfachen Gesetzgeber anheimgestellt (so Art. 87d I S. 2 GG für die Luftverkehrsverwaltung).

Ob und inwieweit sich dem GG darüber hinaus Einschränkungen für die Verlagerung öffentlicher Aufgaben in den privaten Sektor ableiten lassen, ist lebhaft umstritten[44]. Tatsächlich sind dem GG zwei gleichsam implizite Privatisierungsverbote zu entnehmen. Das eine entspringt den tragenden Funktionen „*Gesetzgebung*" und „*Rechtsprechung*". Sie sind wesentliche Basis des staatlichen *Gewaltmonopols*. Indes ist selbst dieser Kernbereich nicht pauschal gegen Formen der Privatisierung „immunisiert". So sperrt er sich keineswegs gegen die Auslagerung von bloßen Hilfsfunktionen und Annexaufgaben und nur begrenzt gegen private Umgehungsstrategien. Konkret diskutiert werden etwa die „Verkehrsunfallaufnahme" durch Private, die zumindest teilweise Verlagerung von Ehescheidungen auf

[42] BVerfGE 88, S. 203, 254 f; *Kämmerer*, JZ 1996, S. 1042, 1047.

[43] Vgl. vorstehend zu FN 39.

[44] Näher: *Hartmut Bauer*, VVDStRL 54, S. 263 ff.

Notare wie auch die Privatisierung einzelner Bereiche der Gefängnisverwaltung[45].

Eine *zweite* implizite Aussage zugunsten von eigener staatlicher Aufgabenerfüllung läßt sich Art. 33 Abs. 4 GG entnehmen. Art. 34 Abs. 4 GG umfaßt insbesondere die institutionelle Garantie des Berufsbeamtentums. Die Bedeutung der Bestimmung im übrigen ist umstritten. Zutreffender Auffassung[46] nach markiert Art. 33 Abs. 4 GG nicht nur einen Vorbehaltsbereich zugunsten des Berufsbeamtentums, vielmehr enthält die Norm zugleich eine freiheitssichernde Strukturvorgabe gegen einen zu weitgehenden Rückzug des Staates aus seiner Verantwortung zu eigener Aufgabenwahrnehmung; hierfür spricht, daß das Berufsbeamtentum nicht um seiner selbst willen geschützt ist, sondern als eine der Funktionsbedingungen des Staates.

Danach ist die Frage entscheidend, ob der Funktionsträger substanzielle eigene Entscheidungsbefugnisse für die Gestaltung des Staat-Bürger-Verhältnisses hat[47]. Dies ist immer dann der Fall, wenn es sich um die Her-

---

45 Siehe *Kämmerer*, JZ 1996, S. 1045; *BT-Drucks. 12/33031,* Tz. 45 a. E.

46 *Di Fabio*, JZ 1999, S. 585, 591; *Helmut Lecheler*, Der öffentliche Dienst, in: Isensee/Kirchhof, Handbuch des Staatsrechts, Band 3, 1996 § 72 Rn. 37; s. a. *Klaus Stern*, Das Staatsrecht der Bundesrepublik Deutschland, Bd. I, 2. Aufl. 1984, S. 349. Anderer Ansicht etwa *Frank Bansch*, Die Beleihung als verfassungsrechtliches Problem, 1973, S. 68; s. a. *Gerrit Manssen*, Der Funktionsvorbehalt des Art. 33 Abs. 4 GG, Zeitschrift für Beamtenrecht (ZBR) 1999, S. 253, 257. Dies entspricht der restriktiven Rechtsprechung des *EuGH* zu Art. 39 Abs. 4 EGV; siehe EuGH Slg. 1980, 3881 (Kommission/Belgien); EuGH Slg. 1982, 1845 (Kommission/Belgien); EuGH Slg. 1986, 2121 (Lawrie-Blum/Land Baden-Württemberg).

47 Vgl. *Kunig*, in: von Münch/Kunig (Hrsg.), Grundgesetz, 3. Aufl. 1995, Art. 33 Rn. 49; *Manssen*, ZBR 1999, S. 256; ähnlich *Volker Haug*, Funktionsvorbehalt und Berufsbeamtentum als Privatisierungsschranken, Neue Zeitschrift für Verwaltungsrecht 1999, S. 816, 819.

stellung von verbindlichen, mit besonderer staatlicher Autoriät versehenen Entscheidungen handelt, aber auch dann, wenn es um die Einschränkung oder Ausgestaltung von grundrechtlichen Freiheitsräumen geht. Danach muß der Staat in eingriffstypischen Handlungsfeldern eine tatsächliche Sachherrschaft über den Geschehensablauf behalten. Das gilt auch dann, wenn die jeweilige Einzelentscheidung eines eingreifenden Gehalts entbehrt, aber die Gesamtsituation durch eine *besondere Pflichtenlage* geprägt ist, wie dies bei der staatlichen Schulpflicht der Fall ist. Entsprechendes gilt für Entscheidungen der Leistungsverwaltung mit Grundrechtsrelevanz[48].

3. Deregulierung

Neben der Privatisierungsdiskussion spiegelt insbesondere die Deregulierungsdebatte die Bemühungen um eine Neubestimmung der Rolle des Staates wider. Seit Ende der 70er Jahre sind in Bund und Ländern verschiedene Kommissionen mit den unterschiedlichsten Bezeichnungen eingesetzt worden. Sie sind zunächst mit dem eher gesetzgebungstechnischen Ziel der „Rechtsvereinfachung" angetreten, haben inzwischen aber eine deutliche Aufwertung in Richtung eines allgemeinen Deregulierungsauftrages erfahren[49].

---

[48] Ebenso *Michael Benndorf,* Die Bestimmung der „hoheitlichen Befugnisse" gemäß Art. 33 Abs. 4 GG, DVBl 1981, S. 23 (27). Siehe auch *P. M. Huber*, Das Berufsbeamtentum im Umbruch, Die Verwaltung 29 (1996), S. 437 (444); *Lecheler* (FN 46) § 72 Rn. 37.

[49] *Franz-Ludwig Knemeyer*, Deregulierung, Verfahrensvereinfachung und Verfahrensbeschleunigung – Bauverfahrensrecht in einem schlanken Staat, in: Festschrift für Willi Blümel zum 70. Geburtstag, 1999, S. 259 ff; s. a. *Joachim Jens Hesse*, Zum Stand der Verwaltungsvereinfachung bei Bund und Ländern, Die öffentliche Verwaltung 1987, S. 474 ff.

Die Deregulierungsdebatte speist sich aus verschiedenen Quellen: Eine Quelle ist die Einsicht in die *begrenzte Leistungsfähigkeit normativer Steuerung*, die auf eine bestimmte Akzeptanz der Normunterworfenen stoßen muß, um Wirksamkeit zu erlangen. Die andere ist die Erfahrung *wohlfahrtsstaatlicher Übersteuerung*. Sie läßt manche der derzeit drängenden Probleme als hausgemacht erscheinen: Recht wird so nicht als Instrument zur Lösung der Probleme angesehen, sondern seinerseits als Ursache der Probleme empfunden; so werden die „Anpassungsschwächen" des deutschen Arbeitsmarktes nicht zuletzt „den vorfindlichen Strukturen staatlicher Lenkung" zugeschrieben[50].

Bei dem Bestreben um *Normenabbau* geht es um die Reduktion der Regelungsdichte, also um das Ziel, weniger und weniger detaillierte Normenwerke einzusetzen. Demgegenüber hat der *Standardabbau* die verfahrensmäßigen Anforderungen im Blick, die der moderne Rechtsstaat in subtiler Weise ausgeformt hat. Nicht selten geht es bei dem Standardabbau auch um den Abbau des materiellen (Komfort- oder Anforderungs-) Niveaus. Viel genannte Beispiele hierfür liefern die Bestimmungen über die Förderung von Kindergärten oder die Ausgestaltung des Leistungsrechts in der gesetzlichen Krankenversicherung.

Generell ist bei der Deregulierungsdiskussion zu beachten, daß die Ziele von Privatisierung und Deregulierung *keineswegs konkordieren*. Im Gegenteil können sie – wie das Beispiel der Arbeitsvermittlung zeigt – durchaus gegenläufig sein. Trotz ihres Bezugs zum

---

50 Prononciert *Erich Weede*, Wirtschaft – Staat – Gesellschaft, 1980, S. 76 unter Berufung auf *Mancur Olson*, Aufstieg und Niedergang von Nationen, 1985; s. a. *Dirk Meyer*, Arbeitslosigkeit ist ein Schadensfall, in: FAZ vom 12.10.1999, Nr. 237, S. 19 mit Vorschlägen zu einer „verursachungsgerechten" Anlastung der Kosten von Arbeitslosigkeit. Gegen eine solche Sicht namentlich *Frieder Naschold*, Ergebnissteuerung, Wettbewerb, Qualitätspolitik. Entwicklung des öffentlichen Sektors, 1995, S. 73.

„Arbeitsmarkt", der Angebot von und Nachfrage nach Arbeitsplätzen zusammenführt, hatte sich in den 20er Jahren die staatliche Regulierung der Arbeitsvermittlung durchgesetzt: Weil „menschliche Arbeitskraft eine besondere ‚Ware' darstellt", erschien eine marktkonforme Steuerung des beruflichen Wandels durch private Institutionen lange Zeit prekär. Ausdruck dieses Schutzgedankens war das sog. *„Vermittlungsmonopol"* der Bundesanstalt für Arbeit. Es ist inzwischen einem *Konkurrenzmodell mit Genehmigungsvorbehalt* gewichen[51]. Tatsächlich sah sich das „Arbeitsvermittlungsmonopol" in der sozialen Wirklichkeit schon zuvor nicht unwesentlich aufgeweicht – Schätzungen wollten der öffentlichen Arbeitsvermittlung nur einen Marktanteil von 22% einräumen. So war die Vermittlung von *Führungskräften* schon seit geraumer Zeit weitgehend *privaten* Personalberatungsunternehmen reserviert. Dieser Einbruch in das staatliche Vermittlungsmonopol hatte die ausdrückliche Billigung des *Europäischen Gerichtshofes* gefunden.

Die vor einigen Jahren erfolgte – im wesentlichen flächendeckende – Öffnung der Arbeitsvermittlung für private Anbieter bedeutet einen radikalen Schnitt. Die frühere, auf einzelne Berufe oder Personengruppen beschränkte Beauftragung folgte einem Delegationsmodell, bei dem die Vermittler „im Auftrag der Bundesanstalt" handelten. An dessen Stelle ist nunmehr ein *Lizenzmodell* getreten, das einen an bestimmte persönliche wie sachliche Mindestvoraussetzungen gebundenen Anspruch auf Genehmigung privater Arbeitsvermittlung vorsieht. Das Modell hat die frühere, ausschließlich staatliche Leistungserbringung teilweise durch private Anbieter ersetzt. Deren Verhältnis zur Bundesanstalt bestimmt sich im wesentlichen nach *ordnungsrechtlichen* Kategorien. Anstelle des früheren eigenen Leistungsangebots tritt insofern Regulierung und staat-

---

[51] Im einzelnen §§ 291 ff SGB III.

liche Aufsicht. Ein ganz ähnliches Phänomen ist bei der privaten Pflegeversicherung zu beobachten.

Die Beispiele zeigen, daß sich die staatliche Steuerungsfunktion in solchen Fällen wieder von der Typik der Leistungsverwaltung entfernt und auf traditionelle Instrumente der Eingriffsverwaltung zurückgreift; zugleich entsteht ein neuer Regulierungsbedarf, der sich in einer geradezu paradoxen „Re-Regulierung" äußert. Das entspricht ganz der Erfahrung, nach der die Umkehr von Regulierung ihrerseits wiederum nur durch Regulierung möglich ist, etwa wenn längst überholte Vorschriften, die keinerlei Bedeutung mehr haben, ihrerseits durch eine entsprechende Norm aufgegeben werden.

V. Umgestaltung des öffentlichen Dienstes

Die Übertragung des ökonomischen Denkmodells auf die öffentliche Verwaltung macht vor der *Binnenebene* der Verwaltung nicht halt. Das daraus erwachsene „New-Public-Management" ist darauf angelegt, einer neuen – postbürokratischen – Verwaltung den Weg zu bereiten; es will eine stärker vom Design eines Dienstleistungsbetriebes geformte Organisation schaffen, die wirtschaftliches mit kundenorientiertem Denken verbindet. Damit geht – von der Öffentlichkeit kaum richtig wahrgenommen – ein Prozeß einher, aufgrund dessen sich das Bild des *öffentlichen Dienstes* seit geraumer Zeit deutlich gewandelt hat. So hat die Verwaltungswirklichkeit die in Art. 33 Abs. 4 GG vorausgesetzte Regel z. B in vielen Kommunen ins Gegenteil verkehrt: Beamte sind dort, auch soweit es sich um die Wahrnehmung hoheitsrechtlicher Befugnisse handelt, vielfach die Ausnahme. Umgekehrt gab es traditionell Sektoren, in denen zahlreiche Beamte tätig waren, ohne daß es sich um die Wahrnehmung hoheitsrechtlicher Befugnisse handelte.

Druck hat sich namentlich im Bildungsbereich ergeben, in dem die Kultusministerien die Stellenknappheit durch eine zunehmende Einstellung von *Teilzeitkräften* zu kompensieren suchten. Das führte zu einem verstärkten Einsatz von Angestellten anstelle von beamteten Lehrkräften – eine Praxis, die mit der Grundforderung des Art. 33 Abs.4 GG kaum in Einklang zu bringen ist[52]. Das BRRG hat sich inzwischen der Frage angenommen, freilich eine eher sibyllinische Anwort gegeben: Es behält die Einstellung von Teilzeitkräften im Beamtenverhältnis einer einfach-gesetzlichen Regelung vor, an der vor allem die Länder Interesse zeigten. Damit ist indes das grundsätzliche verfassungsrechtliche Problem, ob das Beamtenverhältnis auch die unfreiwillige Teilzeitbeschäftigung zuläßt, lediglich verschoben und nicht gelöst.

Daß das öffentliche Dienstrecht in den vergangenen Jahren darüber hinaus eine deutliche Fortentwicklung vollzogen hat, die es stärker an die Normalarbeitsverhältnisse heranführt, ist kaum in das allgemeine Bewußtsein gedrungen. So können die Mitarbeiter nach neuem Recht leichter als in der Vergangenheit an die Leine genommen werden, indem *Umsetzungen und Versetzungen* geringeren Anforderungen unterstellt wurden, bestimmte Funktionen *nur noch auf Zeit* übertragen oder die Aufgaben mit bestimmten *Leistungsanreizen*[53] verbunden werden.

Zwar sind *leistungsabhängige* Gehaltsbestandteile auch im öffentlichen Dienst – insbesondere wenn man ausländische Vorbilder mit einbezieht[54] – nichts Neues

[52] *Manssen*, ZBR 1999, S. 253, 257.

[53] § 42a Abs. 2 S. 1 BBesG sieht eine Obergrenze von 10% der A-besoldeten Beamten als Empfänger von Prämien und Zulagen vor. Die Begrenzung will sicherstellen, daß nur Spitzenleistungen berücksichtigt werden und dem Gießkannenprinzip entgegengewirkt wird; der niedrige Prozentsatz soll sich zudem positiv auf die Personalführung auswirken.

[54] *Monika Böhm*, Leistungsanreize im öffentlichen Dienst im internationalen Vergleich, ZBR 1997, S. 101 ff.

und prinzipiell zu begrüßen[55]. Andererseits ist zu bedenken, daß die Meßlatte für die Bewährung hier auch nicht annähernd so präzise ist wie in Unternehmen der Privatwirtschaft. Das könnte sich – im Einklang mit einer entsprechenden Rekrutierungspraxis – am Ende als nichts anderes als eine subtile Form von politischem Belohnungssystem herausstellen, das Konformität und nicht Innovationskraft und Leistungsbereitschaft prämiert[56]. Gewiß muß dies nicht sein, auch gibt es gute Gründe für eine stärkere Berücksichtigung von Leistungsaspekten im Besoldungswesen. Indes ist gerade hier darauf zu achten, daß die *produktive Gegenläufigkeit von politischer und administrativer Sicht* nicht von vornherein überspielt wird. Hierfür wird entscheidend sein, inwieweit die politische Ebene – unbeschadet ihrer Letztentscheidungskompetenz – die Fähigkeit aufbringt, im Prozeß der Entwicklung von Alternativen „loszulassen".

VI. Ausblick

Der sich derzeit weltweit vollziehende Paradigmenwechsel hat auch und gerade den öffentlichen Sektor erfaßt. Die Überzeugung, daß die unsichtbare Hand des Marktes der verantwortlichen Korrektur durch die sichtbare Hand des Staates bedarf, verliert zunehmend an Durchsetzungskraft. Der öffentliche Sektor hat selbst nicht unmaßgeblich zu dieser Entwicklung beigetragen, indem er verständliche Gegenreaktionen auf viele Überzogenheiten provoziert hat. Zwar sind dessen frei ver-

55 Vgl. aber auch *Thomas Bönders*, Neue Leistungselemente in der Besoldung – Anreiz oder Flop?, ZBR 1999, S. 11, 18; *Böhm*, ZBR 1997, S. 101 ff.

56 Für sehr optimistisch halte ich die Einschätzung von *M. Greiffenhagen/S. Greiffenhagen* (FN 23) S. 81, im Gegensatz zum Beamten „klassischen Typs" verkörpere der „politische" Beamte einen Typus, „der sich mehr von der pluralistischen Verfaßtheit des öffentlichen Interesses leiten läßt".

änderbaren Parameter enger als die der Privatwirtschaft, dennoch ist den teilweise ausufernden Tendenzen zur Neubestimmung von staatlichem und gesellschaftlichem Sektor mit rechtlichen Mitteln nur begrenzt beizukommen.

Die Verfassung setzt einer solchen Neubestimmung weite Grenzen. Der Gestaltungsfreiheit der politischen Entscheidungsträger bleibt es im wesentlichen überlassen, die Felder innerhalb dieser Grenzen abzustecken. Dabei ist der Staat keineswegs allein auf wirtschaftliche Rationalität festgelegt. Gewiß tut er gut daran, bei seinen Entscheidungen stets den „homo oeconomicus" in Rechnung zu stellen. Aber wo es darum geht, die Gesellschaft zugleich auszudifferenzieren und zu stabilisieren sowie das „*soziale Geschehen*" verantwortlich zu lenken, ist für Blütenträume von einem Reengeneering des öffentlichen Sektors, das ausschließlich den Gesetzen des Marktes folgt, kein Anlaß.

Frank Schulz-Nieswandt

Mit 60 in Rente?

Das Problem der Altersgrenze

Bei dem gestellten Thema stehen im Rahmen der sozialpolitischen Debatte in der Regel arbeitsmarktpolitische Ziele und finanzwirtschaftliche Probleme im System der Sozialversicherungen, insbesondere Fragen der Finanzierung der Gesetzlichen Rentenversicherung (GRV) im Vordergrund. Neuerdings werden auch vertieft sozialrechtliche Grundsatzfragen der Altersgrenze aufgeworfen (Boecken 1999), wodurch die gesellschaftspolitische Reichweite der Problematik der Bestimmung von Altersgrenzen zunehmend deutlich wird. In der nachfolgenden Abhandlung sollen Aspekte in den Vordergrund gerückt werden, die die ganze personale wie gesellschaftliche Tiefe des Problems herausarbeiten helfen: anthropologische, rechtsphilosophische und gesellschaftspolitische sowie psychologische Aspekte.

Altersgrenzen: Mehr als ein Thema der Rentenfinanzen

Die Frage der optimalen Bestimmung von Altersgrenzen ist viel komplizierter, als sie in dem dominanten sozialökonomischen Diskurs (Vogel 2000; Peters & Steiner 2000) zwischen Entlastung des Arbeitsmarktes, Kosten der Arbeitslosigkeit und Finanzierbarkeit der Gesetzlichen Rentenversicherung als Hauptachse der Alterssicherung aufscheint.

Altersgrenzen sind Teil eines gesellschaftlichen Konstruktionsprozesses von Altersbildern (vgl. auch Schulz-Nieswandt 2000b, Kapitel 3), die neben dem personalen Alltagsdrama der Altersgrenze als subjektiv erlebter und zu bewältigender Statuspassage (im Sinne eines möglicherweise krisenhaften Übergangs zwischen Lebensabschnitten, die durch spezifische Rollenmuster gekennzeichnet sind) im Lebenszyklus die generationsübergreifenden gesellschaftspolitischen Grundsatzfragen der Rollenverteilung und der Ressourcennutzung über den ganzen Lebenszyklus hinweg betreffen (Van Gennep 1999).

Bei diesen rechtsphilosophisch und anthropologisch herleitbaren elementaren Regelungsbedürfnissen der Kultur in wichtigen Schnittflächen zwischen individuellem und kollektivem Leben (Göckenjan 2000: 25) – in diesem Fall: hinsichtlich des Themas der Altersgrenze – sind drei Ebenen betroffen; es sind drei Themenkreise mindestens, die dieses Feld von Pflichten und Rechten, von Zumutbarkeiten und Versicherungen im Kern bestimmen:

- das Problem der Begrenztheit des Lebenslaufs, der Bewältigung der Endlichkeit des Daseins und die damit verbundenen innerweltlichen Konsequenzen;
- das Problem des Umgangs der wechselseitig sich bestimmenden Menschen und Personenkreise einer Gesellschaft bei Veränderungen und Zusammenbrüchen der Persönlichkeit und des sozialen Status, insbesondere die Frage der Bewältigung von Statuspassagen, von Gebrechlichkeiten, Verwirrung, Hilflosigkeit, also angesichts des ganzen Spektrums der sozialpolitisch thematisierbaren Risikolagen und Gefährdungsprofile;
- das Problem der – historisch bislang in diesem gesellschaftlichen Ausmaß erst- und einmaligen – Ausdehnung der durchschnittlichen individuellen Lebenserwartung der Gesellschaftsmitglieder, woraus sich ja erst das Problem der sozialen Ansprüche (Von Kondratowitz 2000), aber auch der Diskurs über die nachberufliche Rollenverpflichtung von Personen entwickelte, die viel länger leben, als sie

erwerbsbiographisch zum ökonomischen Wohlstand beitragen (Göckenjan 2000: 25).

Entsprechend diesen Vorüberlegungen wird das Thema der Altersgrenze systematisch eingeordnet. Es betrifft eine existentielle Seinsaufgabe der Menschen zu allen Zeiten und Orten der Geschichte: Wie werden für alle Gesellschaftsmitglieder (verschiedenen Alters) Aufgaben/Rollen/Pflichten einerseits, Möglichkeiten/Ressourcen/Rechte andererseits verteilt?

Das Problem der Altersgrenze unter dem Einfluß von Altersbildern

In diesem Abschnitt sollen einige anthropologische und rechtsphilosophische Grundüberlegungen des Themas der Altersgrenze als personale Statuspassage, des Übergangs vom Erwerbsleben in die nachberufliche Lebensphase skizziert werden. Der Verfasser knüpft damit unmittelbar an anthropologische Implikationen zu Ausführungen an anderer Stelle (Schulz-Nieswandt 1999. 2000a) über die Ressourcen des Alters aus individueller und gesellschaftlicher Perspektive an. Altersbilder reflektieren die Erwartungshaltungen der Menschen an den Lebenszyklus und reflektieren insoweit zwingend die gesellschaftlichen Bilder und die gesellschaftliche Praxis der Zuschreibung von Chancen und Rechten, von Risiken und Pflichten, von Möglichkeiten und Grenzen, von Aufgaben, Perspektiven und auch vom Ende des individuellen Lebens.

„Gutes" Alter(n) setzt Ressourcen voraus; ältere und alte Menschen stellen gleichzeitig eine (wachsende) Gruppe innerhalb der Gesamtgesellschaft dar, wobei nach der gesellschaftlichen Nutzung des sich dort verkörpernden Fähigkeitspotentials gefragt werden darf.

Vom Verfasser (Schulz-Nieswandt 1999) wurde an anderer Stelle hervorgehoben, daß – zumindest bis zum Erreichen des von dichter werdenden Risiken gekennzeichneten „vierten Lebensalters" (definiert als die

Zeitspanne nach dem Alter von 75 bis 80 Jahren) – von einem Freiheitsraum gesprochen wird, den Rosenmayr (1983) als „späte Freiheit“ bezeichnet hat. Aber auch die „vierte Phase“ wird nicht schlicht mit Verlusten und Defiziten gleichgesetzt. Das historisch verschärfte Thema der individuellen und gesellschaftlichen Nutzung der Potentiale des Alters konzentriert sich jedoch, folgt man den Befunden zur Lebenslage älterer Menschen (Wahl & Kruse 1999: 466 f.), auf die Jahre bis zum Erreichen der „vierten Phase“. Das Postulat der ausgesprochen breit ausdifferenzierten intra- wie interindividuellen Gestaltenvielfalt des Alter(n)s in seinem Formenreichtum gilt aber über die gesamte Zeitspanne des chronologischen Alters hinweg. Der Begriff der erhöhten Verletzbarkeit des alten Menschen der „vierten Lebensphase“ drückt nur aus, daß die Gesellschaft eine größere Verantwortung trägt, die Voraussetzungen zu schaffen, daß sich auch der alte Mensch diesen Herausforderungen und Verlusten stellen und diese auch bewältigen kann.

Die anthropologische Dimension der bildhaften – in Bildern verdichteten – Altersthematisierung ist die niemals ungeschichtliche Auseinandersetzung des Menschen mit dem Lebensverlauf, also die menschliche Auseinandersetzung mit dem Lebenslauf im sozialen Raum und in der historischen Zeit. Die Produktion von Bildern des Alter(n)s ist eine nie endende Seinsangelegenheit des Menschen als doppelt – biologisch wie kulturell – bestimmtes Lebewesen. Natur und Kultur legen seine Bahnen fest.

Diese Bilder des Alter(n)s sind Bilder des Menschen hinsichtlich der Frage, wie er mit anderen Menschen in Wechselseitigkeit, eben gesellschaftlich, zusammenlebt oder zusammenleben will. Die doppelte Perspektive der Ressourcen des Alters – als gesellschafts- und sozialpolitisch mitgeprägte, biographisch vermittelte Ressourcensituation des Individuums (Einkommen und Vermögen, Wohnsituation, Infrastruktur, soziale Netze etc.) einerseits und als potentialorientierte Ressource des Individuums (Erfahrungen, Wissen, Kompetenzen, Hilfepotential etc.) für die Gesellschaft andererseits – reflektiert diese ewige Problematik.

Rechtsphilosophisch stellt sich die Frage nach der Zuteilung von Rechten und nach der Aufteilung von Pflichten auf die verschiedenen Ebenen, die sich gemäß dem Prinzip der Subsidiarität und im Sinne sozialräumlich zu begreifender konzentrischer Kreise ergeben: Person, Familie und Verwandtschaft, Netze und Nachbarschaft im Kontext der Gemeinde, definiert über die Nähe des Wohnens und die Dichte der sozialen Interaktionen, sowie die weiteren föderalen Stufen des Bundesstaates. Sozialökonomisch stellen Eigenarbeit und Selbsthilfe, Markt und die Daseinsvorsorge des Staates oder der öffentlich-rechtliche Sicherstellungsauftrag des staatsmittelbaren Sektors der körperschaftlich getragenen Selbstverwaltung im Rahmen eines „Wohlfahrtspluralismus" die tragenden Sektoren dar.

Altersbilder implizieren derartige rechtsphilosophische Grundsatzfragen insoweit, wie die aus dem Postulat der personalen Selbständigkeit resultierenden Anforderungen an ein selbst- und mitverantwortliches Sein des Menschen nunmehr explizit über den ganzen Lebenszyklus hinweg betrachtet werden: Über den Lebenszyklus hinweg stellen sich demnach die Fragen der Rechtsphilosophie als Entscheidung über die Zuordnung von phasenuntypischen und phasenspezifischen Rechten und über die Aufteilung von Aufgaben, Pflichten und Lasten. Regeln die Rechte (und deren Verteilung) das wechselseitige Gefüge der Menschen, das Gesellschaft genannt wird, so resultieren aus diesem Gefüge die Pflichten als die Kehrseite des Rechts. Der Raum des Menschen als Naturwesen im Rahmen seiner kulturellen Formen spannt sich so aus als Raum der Möglichkeiten und der Bindungen. Grundlegender Leitgedanke dieses ewigen, d. h. von jeder Gesellschaft in Raum und Zeit entsprechend den Ressourcen (Möglichkeiten) und den Ideen der jeweiligen geschichtlichen Lage immer wieder neu zu lösenden Auftrages muß die soziale Gerechtigkeit sein, also ein Regelwerk betreffs der Verteilung der Zugangschancen zu den ökonomischen, sozialen, kulturellen und politischen Gütern einer Gesellschaft. Zu diesem Raum der Möglichkeiten und Chancen gehören aber auch die Bindungen. Personale Identitätsfindung knüpft sich immer auch an aufgabenorientierte Mitverantwortlichkeit im inter-personalen Gefüge „eigensinniger" Subjekte.

Nach dem Grad der sozialen Gerechtigkeit (Dreier & Paulson 1999) dieses Problems der Partizipationschancen läßt sich auch die Stellung des älteren und alten Menschen messen (Von Kondratowitz 1999: 114): Wo steht er, wo ist er gesellschaftlich plaziert in einem Raum von Zentrum und Randlagen? Gehört der alte Mensch zum Zentrum? Ist er „Insider"? Oder wird er aufgrund seiner randständigen Plazierung zum ausgegrenzten „Outsider"? Dieses Denken in einem Muster von Zentrum und Randlage ist bi-polar, und hier wird man hinsichtlich der konkreten sozialen Wirklichkeit von einem Kontinuum von Zwischenzonen ausgehen müssen.

All diese Fragen kreisen um ein archetypisches (Schulz-Nieswandt 2000) Thema einer jeden um soziale Gerechtigkeit und dynamischen Zusammenhalt bemühten Gesellschaft selbständiger, selbstverantwortlicher, aber auch mitverantwortlicher Personen (Von Kondratowitz 1999: 114). Elwert (1992: 260) resümiert seine kulturvergleichenden Befunde zum Status von Alter (Sagner 1997; Marzi 1998): „Altersordnungen implizieren immer auch den Konflikt zwischen Lebensaltern. An den Themen Vernachlässigung von Alten, Altentötung und Rollenzuweisung (Identität) wird dies deutlich." Und in diesem Sinnzusammenhang muß festgehalten werden, daß die intra- wie intergenerationelle Solidarität in unserer Gesellschaft als ein hohes Gut geschätzt wird. Das „gute" Alter ist aber eine generationsübergreifende Frage. So wie die Lebenslage im Alter ein Ergebnis eines lebenslangen Prozesses von Auf- und Abbau verschiedener, in Wechselwirkung stehender Ressourcen genetisch-biologischer, personaler, ökonomischer, sozialer und kultureller Art ist, also das Alter abhängig ist vom Verlauf des Alterns, so ist eine Politik für das Alter eine Politik in bezug auf den ganzen Lebenszyklus.

Inter-generationell, trans-generationell (Guillemard 1999) wie intra-generationell muß gesellschaftspolitisch gefragt werden: Welche Freiheiten haben die Menschen, welche Pflichten haben sie, welche Rollen sollen sie spielen während des gesamten, aber auch in den verschiedenen Phasen ihres Lebenszyklusses? Über welche Kombinationen von eigensinnorientierter Erwerbsarbeit und gemeinsinnorientierten Tätigkeitsformen, über welche Arbeitszeitregime vermittelt soll das Leben der Gesellschaftsmitglieder verlaufen? Über welche Systeme öffentlicher Transferunterstützung und über welche Infrastrukturen und rechtliche Umwelten (vgl. etwa Boecken 1998 am Beispiel der Altersgrenze und Verrentung, auch im Lichte von Schweres 1997) soll diese Verteilung von Rechten und Pflichten, von Chancen und Grenzen über den Lebenslauf hinweg ermöglicht werden?

An dieser Stelle sieht der Verfasser die Grundsatzfragen der Gesellschaftspolitik gestellt: Die Bilder des Alters – ebenso wie Bilder der in die Selbständigkeit und Mitverantwortlichkeit hineinwachsenden Jugend und die Bilder der in einer „Mitte“ des Lebens stehenden „Sandwich“-Generation (BMFSFJ 1998: 190 ff.), d. h. der zwischen eigenen Eltern und eigenen Kindern stehenden Personenkreise – reflektieren mehr als die Herausforderungen eines sozialpolitischen Ressorts. Altersbilder sind Konstrukte, die Funktion gewinnen im gesellschaftlichen Prozeß der Gestaltung der Art und Weise, wie Menschen einer Gesellschaft in Wechselwirkung stehen. Altersbilder (vgl. auch Filipp & Mayer 1999) thematisieren und kommunizieren dabei verschlüsselte, oftmals zugespitzte Formen von abstrakten und konkreten (personalen) Alterserwartungen und Selbstbildern, die die oben rechtsphilosophisch und anthropologisch hergeleiteten elementaren Regelungsbedürfnisse der Kultur in wichtigen Schnittflächen zwischen individuellem und kollektivem Leben betreffen (nochmals Göckenjan 2000: 25).

Das alles sind Elemente eines moralischen Diskurses. Altersbilder sind Formen seiner Verdichtung. Altersbilder haben dabei einen beschreibenden und einen erklärenden bzw. erläuternden Gehalt. Letztendlich sind Altersbilder auf Zuschreibung, auf normative Regelung ausgerichtet. Sie thematisieren Zumutbarkeiten, Aufgaben, Rechte und Pflichten. Dieser moralische Diskurs läuft auf verschiedenen Ebenen und in unterschiedlichen Sphären unserer Gesellschaft ab: Am Eßtisch der Familie, an der Theke in der Gaststätte oder Bierstube, im Parlament, in den Betrieben, im Rahmen wissenschaftlicher Vortrags- und Diskussionsveranstaltungen, in den Medien.

Im Folgenden greift der Verfasser jene Aspekte oder Dimensionen auf, die Schnittflächen der Problematik der Altersbilder mit der Thematik der Lebenslage älterer Arbeitnehmer und der Übergangspfade zur nachberuflichen Phase bestimmen.

Das Problem der Altersgrenze als kritische Statuspassage

Dieser Abschnitt beschreibt das Problem der Altersgrenze im Lebenszyklus aus der Sicht der Person und als eine Gestaltungsaufgabe generationsübergreifender Gesellschaftspolitik als Lebenslagenverteilungspolitik. Für die komplizierten Prozesse der Konstruktion von Altersbildern spielt die gesetzlich fixierte Altersgrenze der Alterssicherungsysteme eine zentrale Rolle. Eine Reihe von Untersuchungen haben zeigen können, daß der Austritt aus dem Erwerbsleben in den Köpfen vieler Menschen prägend wirkt für das Verständnis von Altwerden bzw. Altsein.

Die wohlfahrtsstaatliche Konstruktion einer solchen Altersgrenze hat im Zuge der Herabsetzung der Altersgrenze aber zugleich dabei geholfen, Subtypen der Altenbevölkerung zu bilden, insbesondere die sogenannten „Jungen Alten“ (Opaschowski 1998). Auf diese Subtypenbildungen will der Verfasser hier jedoch nicht weiter eingehen (Bäcker u.a. 2000: 234). Vielmehr ist der Trend zur Heraufsetzung der Altersgrenze abzusehen. Dahinter steckt das Problem der steigenden Beitragssätze in der Gesetzlichen Rentenversicherung, wobei die GRV lange Zeit im Sinne versicherungsfremder Leistungen als Auffangbecken im Rahmen einer Verschiebebahnhofpolitik im gegliederten Sozialversicherungswesen dienen mußte.

Vor allem die leistungsrechtliche Belastung durch arbeitsmarktbedingte Rentenzugänge ist hier zu vermerken. Medizinische Ursachen, einschließlich der Invaliditätsursache traten zurück zugunsten einer realistischen Einschätzung der Wiederbeschäftigungschancen älterer Arbeitsloser. Die Arbeitsmarktentlastung sollte der Beschäftigung der jüngeren Erwerbspersonenpotentiale dienen. Die fiskalischen Wirkungen dieser sinkenden Altersgrenze sollen hier nun aber ebenso nicht das Thema sein wie die Frage nach den Beschäftigungseffekten, die man zunehmend skeptisch betrachten kann (nochmals Vogel 2000; Peters & Steiner 2000). Die – international zu beobachtende (Alber & Schölkopf 1999, 246 ff.) – sinkende Altersgrenze galt lange Zeit als inter-generativ orientierter Konsens, auch zwischen Gewerkschaften, Arbeitgeber und Staat (Alber & Schölkopf 1999, 62 ff.). Der bundesdeutsche Sozialstaat hat so in passiver Weise auf die Entwicklung von Beschäftigung und Arbeitslosigkeit durch arbeitsmarktpolitische Instrumentalisierung der GRV reagiert (Behrend 1997; 1997a). Dem Unternehmenssektor wird hierbei nachgesagt, er habe so seine negativ gefärbten Altersstereotypen auf Kosten sozialstaatlicher Finanzierungsarrangements realisieren können.

Diese Probleme sind in der Literatur ausgiebig diskutiert und sollen hier nicht weiter aufgegriffen werden (Kohli 1985; 1989; Kohli & Wolf 1987; Niederfranke 1991). Vielmehr interessiert an dieser Stelle die Debatte um die Auswirkungen dieser Rechtsentwicklung und politischen Praxis auf die Entwicklung der Altersbilder, wie sie einfließen in den Diskurs über die Festlegung von Altersgrenzen.

Nicht nur im Rahmen des radikalliberalen Diskurses über den Diskriminierungsgehalt von Altersgrenzen in den USA wird die gesetzliche Fixierung solcher Marktaustrittszeitpunkte – die als Rollenverlustfunktionen beschrieben werden – als ein von Zwängen geprägter Vorgang begriffen. Im rechtsphilosophischen Sinne fragt sich der Verfasser, ob man es sich mit einer solchen radikalliberalen Perspektive nicht ohnehin zu einfach macht: Die inter-generativen Beziehungen und die gesellschaftliche Kohäsion insgesamt bedürfen einer politisch herbeizuführenden konsensorientierten Lösung der Frage nach der Teilung von Arbeit, Einkommen/Gütern und Rechten/Pflichten. Insofern wird man der Bundesrepublik nicht vereinfachend vorwerfen können, sie sei durch diese arbeitsmarktpolitische Instrumentalisierung der GRV extrem altersgeschichtet. Vielmehr waren politische Güterabwägungen zum Zwecke vielschichtiger Zielerreichungen notwendig und sind in der geschilderten Richtung entschieden worden. Gesellschaften leben – hier folgt der Verfasser der rechtsphilosophischen Auffassung in der Tradition von Gustav Radbruch (wonach die soziale Gerechtigkeit als grundlegende Rechtsidee dient: Radbruch 1973; Dreier & Paulson 1999) – nicht nur von der radikalen Verwirklichung von Individualrechten, sondern auch von der Regelung der Abstimmung konflikthafter inter-individueller (oder inter-generativer) Relationen (Guillemard 1999; Sackmann 1998).

Vor der Aufgabe einer Neukomposition dieser drei gesellschaftlichen Gerechtigkeitssphären von Arbeit, Einkommen (Gütern) und Rechten (Pflichten) steht auch die bundesdeutsche Gesellschaft. Der bislang dominant anvisierte, obwohl nur für historisch relativ kurze Phasen der wirtschaftlichen Nachkriegsgeschichte typische Pfad einer lebenslangen sozialversicherungspflichtig abgesicherten Erwerbsbiographie, die die Basis für das volkswirtschaftliche Makroziel der Vollbeschäftigung abgab, ist aus vielerlei Gründen brüchig geworden. Man kann davon ausgehen (Schulz-Nieswandt 1999, 85-88), daß die Frage nach der sinnhaften Besetzung von – frühen oder späte(re)n – Freiheiten (Rosenmayr 1984) im Kontext neuer Verknüpfungen von Arbeit, Einkommen und anderen – gemeinsinnorientierten – Praxisformen (etwa ehrenamtlicher Art) auf der Basis einer Neudefinition und Neuverteilung von Rechten und Pflichten alle Generationen trifft und so eine Lebensverlaufsproblemstellung darstellt, somit also generationenübergreifender Art ist (Guillemard 1999; Sackmann 1998).

Damit wird Inter-Generationalität wieder anders definiert, als es die bekannte Anthropologin Mead (1974) voraussagte: Mead nahm an, daß die „postfigurative“ Kultur, in der die Kinder primär von ihren Vorfahren lernen, sowie die „kofigurative“ Kultur, in der die Mitglieder der Gesellschaft ihr Verhalten primär nach dem Vorbild der Zeitgenossen ausrichten, nunmehr und schließlich abgelöst werden durch eine „präfigurative“ Kultur, in der das Kommende vom Kind und nicht mehr von Eltern und Großeltern repräsentiert wird. Wäre der inter-generationelle Zusammenhang, von dem Mead (1974: 24) sagt, daß die Kontinuität aller Kulturen unstreitig auf der physischen Präsenz mindestens dreier Generationen beruhe, nicht gerade als Einheit der Geschichte in der Zeit – der Vergangenheit, der Gegenwart, der Zukunft – neu zu definieren?

In der „Sozialpolitik für ältere Arbeitnehmer“ wird das „Prinzip der Wahlfreiheit“ (Naegele 1992: 432) favorisiert. Demnach soll, wer will, auch länger im Erwerbsleben bleiben können. Ein Recht auf Erwerbstätigkeit muß demnach auch für ältere Arbeitnehmer gelten. Die Frage ist folglich: „Länger erwerbstätig – aber wie?“ (Behrens u. a. 1999).

Hier schließen sich konkrete Projektfragen an hinsichtlich Arbeits- und Laufbahngestaltungen, Personal- und Organisationsentwicklungen, alternsgerechter Arbeitsgestaltung, innovativer Arbeitszeitmodelle. Jedenfalls fallen die Befunde der differentiellen Gerontologie (Maier 1997) so aus, daß man nicht von einem generellen Zusammenhang zwischen Alter und sinkender Leistungsfähigkeit ausgehen kann. Der größte Teil der älter werdenden ArbeitnehmerInnen erkennt die Anforderungen differenziert und bewältigt die Probleme effektiv, weshalb man von einem gelungenen Passungsverhältnis sprechen kann. Die Jugendzentriertheit vieler Betriebe wird also durch die Befunde zur Leistungsfähigkeit und zur Leistungsmotivation älterer MitarbeiterInnen nicht gestützt.

Die Kritik an der sinkenden Altersgrenze hatte ihren Ursprung aber nicht nur in den finanz- und sozialordnungspolitischen Bedenken im Zusammenhang mit der Zukunft der GRV. Auch gerontologische, vor allem auch alter(n)spsychologische (Saup & Mayring 1995; Mayring 2000) Bedenken wurden geäußert, die die Präferenzgerechtigkeit strukturell erzwungener früher Verrentungen in Hinblick auf die individuellen Lebensplanungen zum Thema machten und dergestalt die psychologische Dimension der Problematik aufdeckten. Die Altersgrenze wurde (die Literatur hierzu ist umfassend: Buchmüller u.a. 1996) zum Thema einer potentiell psychischen Krise.

Wenngleich die Krisenhaftigkeit der Verrentung nur empirisch beantwortet werden kann, verweisen anthropologische und ethnologische Überlegungen bereits auf eine prinzipielle Ernsthaftigkeit des Themas. Hier ist vor allem auf die klassische Studie zu Statuspassagen und den dazugehörigen Übergangsriten von Van Gennep (1999) zu verweisen (Schulz-Nieswandt 2000a). Statuspassagen im Lebenszyklus sind mit gravierenden Rollenwechseln, die Rollenverluste einschließen, verbunden, so daß Riten zur sozialen und individuellen Bewältigung dieser für die Frage des Selbstkonzepts der Person in Verbindung mit der Frage nach der biographischen Kontinuität so zentralen Herausforderung funktional notwendig erscheinen. Im säkularisierten Sozialstaat sind derartige Übergänge in der Biographie nicht ritualisiert und gar nicht in sakral-religiöse Sinnzusammenhänge gestellt (dazu auch Schulz-Nieswandt 2000a). Erst vor diesem Hintergrund, der nicht kulturkritisch-romantisch einzuholen ist, wird die tiefgehende Debatte um die Suche nach den nachberuflichen Aktivitätsmustern vollends verständlich. Dennoch hat die Forschung zeigen können, daß viele Menschen die Frühverrentung zugunsten eines hohen Niveaus an Lebensqualität „meistern" (Schulz-Nieswandt 1999a). Allerdings zeigt sich das Gelingen dieses „Übergangsmanagements" kontextabhängig, d. h. abhängig von einer Reihe von Faktoren: finanzielle Absicherung, Familienstand, soziale Netzwerkdichte und -qualität, Aktivitätsmuster bereits vor der Verrentung, Gesundheitszustand etc. (Schulz-Nieswandt 1999a).

In diesem Rahmen ist der Befund zu verstehen, wonach die „Entberuflichung des Alters" (Bäcker & Naegele 1993) „in Form der frühen Berufsaufgabe von vielen Betroffenen ausdrücklich betont wird", andererseits „dieser ‚Run auf den frühen Ruhestand' gerade für die Betroffenen – aber auch für die gesellschaftliche Entwicklung insgesamt – zahlreiche ambivalente Wirkungen" (Naegele 1998, 117) hat.

Altersgrenze als „gesellschaftspädagogische Herausforderung"

Die Problematik einer tätig-sinnhaften Besetzung dieser späten Freiheit einer nachberuflich-entpflichteten Lebensphase hat – mit Blick auf eine sozialpädagogische Theoriebildung – Böhnisch prägnant herausgearbeitet (Böhnisch 1999: 92 ff., 237 ff.).

Dabei rekurriert Böhnisch zunächst sozialgeschichtlich auf die Formung der Normalarbeiterexistenz und der Erwerbsbiographie (Böhnisch 1999: 92 ff.). Dieser Prozeß wird modernisierungstheoretisch begriffen, wobei davor gewarnt wird, die Lebenslagen älterer Menschen in der Vor-Moderne als „goldenes Zeitalter“ mißzuverstehen. Dieser Mythos ist in der historisch-anthropologischen Forschung längst entlarvt worden (vgl. auch Bundesministerium für Umwelt, Jugend und Familie Österreich (Hrsg.) 1999: 22 ff.). Böhnisch stellt dann die geschichtlich erst entstandene Alterslebensphase als Problem der Lebensbewältigung im Alter heraus (Böhnisch 1999: 237 ff.).

Diese gesamte Problematik präsentiert sich als grundlegende Ambivalenz: Einerseits lassen sich – im Durchschnitt – merkliche Freiheitsräume durch die Verbesserung der sozioökonomischen Lagemerkmale aufweisen; andererseits stellt sich das Problem der Sinnfindung um so mehr, da die Erwerbsphase des Lebens dominant vom beruflichen Leistungsstreben geprägt war. Angesichts des näher rückenden Themas der Endlichkeit der Existenz durch den Tod stellt sich die Sinnfrage einerseits deutlich retrospektiv: Kann die Person eine positive Bilanzierung entwickeln? Andererseits stellt sich die Sinnfrage im höheren Lebensalter auch als Suche nach Aufgabenorientiertheit gerade in der nachberuflichen Phase. Selbständigkeit der Lebensführung kristallisiert sich hierbei in den beiden Komponenten der Selbstverantwortlichkeit und der Mitverantwortlichkeit.

Viele Befunde deuten darauf hin, daß die Chancen, diese so anstehenden Probleme im Alter zu lösen, mit dem Bildungsgrad und mit der ehemaligen beruflichen Position positiv korrelieren. Die Bildungsexpansion der letzten Jahrzehnte läßt demnach vermuten, daß sich hier wichtige Geburtenjahrgangseffekte im Kompetenzprofil der älteren Menschen abzeichnen werden. Aber diese Kompetenzen sind weitgehend außerhalb der Erwerbssphäre nachberuflich auszuspielen: „Der humane

Gewinn des Alters liegt demnach nicht in einer einfachen Verlängerung der industriellen Normalbiografie mit anderen Mitteln, sondern in der Spannung zum eigenen Menschsein bei weiter und neu bestehender gesellschaftlicher Teilhabe." (Böhnisch 1999: 245) Die Erwerbswelt wird bei Böhnisch beschrieben als eine „Welt des flexiblen, leistungsbereiten, austauschbaren und immer wieder erneuerungsfähigen ‚Maschinenleibs', des Arbeits- und Schönheitskörpers." (Böhnisch 1999: 245) Mit dieser Logik bricht die nachberufliche Phase. Sie ist Verlust, aber Verlust von Rollenmustern, die ja nicht jenseits jeder anthropologischen und gesellschaftskritischen Betrachtbarkeit sind. Das lineare Zeitbewußtsein des beruflichen „Mithaltens" und des „Anschlußfindens" in der Arbeits- und Konsumbiographie findet sein Ende und eröffnet so auch Spielräume für zyklisches Zeiterleben: Zyklische Zeit ist regenerative und rückbesinnende Zeit. Dafür ist im Alter vermehrt Platz. Überwunden werden muß also der „Verlust des alltagskonstituierenden industriellen Rhythmus von Arbeit und Freizeit" (Böhnisch 1999: 249). Dabei ist der individuelle und gesellschaftliche Eigenwert der Alterszeit zu entdecken.

Dennoch „ist der Zeitbruch im Übergang vom Alter zum (Vor-)Ruhestand so einschneidend, weil die marktdefinierte Erwerbsarbeit der einzige Maßstab ist und nur so das Alter als Arbeitsverlust und Entberuflichung erscheint. Könnten wir schon im Erwerbsalter unsere soziale Identität an einer wesentlich erweiterten und so gesellschaftlich anerkannten Arbeitsdefinition – Lebensarbeit/einschließlich der Haus- und Beziehungsarbeit – festmachen, wären diese Brüche im Altersübergang wohl erheblich gemindert, und es bestünde die Chance, auch im Alter gesellschaftlich anerkannte Arbeit zu verrichten." (Böhnisch 1999: 249) Böhnisch setzt (1999: 249) als Oberbegriff dieser anthropologischen Seinsproblematik die Kategorie des „Tätigseins", und er differenziert dann als Subkategorien: Hausarbeit, Beziehungsarbeit und Erwerbsarbeit.

Diese Unterscheidung verschiedener Formen menschlicher Tätigkeit – in der Geschichte der Philosophie nicht fremd – wiederholt ein System konzentrischer Kreise des personalen Seins: Ausgehend von der Person geht der Blick vom Haushalt über die haushaltsübergreifenden Netzwerkökonomiken zunehmend den Weg von der Privatsphäre in die öffentliche Sphäre von Markt und Politik. Böhnisch thematisiert die Bedeutungszuwächse der außermarktlichen Tätigkeitssphären nicht allein für das Lebenszeitsegment des Alters, sondern fragt nach dem Zusammenspiel aller Tätigkeitsformen während des gesamten Lebensverlaufs, ein Zusammenspiel, das ferner eine Geschlechterhierarchie (Böhnisch 1999: 250) widerspiegelt. Böhnisch thematisiert sodann die Entwicklung einer Alterskultur als kompetente Besetzung von sozialen Räumen: „Da geben die Boule- und Piazza-Gesellschaften der Alten in den südeuropäischen Ländern schon mehr her." (Böhnisch 1999: 251) Nun, dieses Beispiel dürfte ethnologisch mit etwas mehr Skepsis aufgenommen werden, aber es wird wohl deutlich, was gemeint ist: Die Besetzung privater und öffentlicher Räume. Der Status quo jedenfalls verweist auf eine Diskrepanz zwischen Stärken und Fähigkeiten des Alters einerseits und den zugeschriebenen Rollenmustern andererseits. Die differentielle Gerontologie, insbesondere die differentielle gerontologische Psychologie stützt diese Sichtweise der Dinge durch ihre umfassenden Befunde der Forschung.

Wirft der in der modernen Wirtschaftsgesellschaft vorliegende enge Zusammenhang von Erwerbsarbeit, Einkommen und Bildung gerade dann, wenn es infolge der anhaltenden Krise der Vollbeschäftigung zur sozialen Krise kommt, auch das Problem gesundheitlicher Risiken auf (Siegrist 1996), so bewirkt dieser Zusammenhang der modernen Wirtschaftsgesellschaft als Arbeitsgesellschaft am Ende der Erwerbsarbeitsphase für die Individuen und deren Lebenswelten durchaus vielfach Verlustfunktionen und Bewältigungsstreß.

„Erfolgreiches“ Altern wird dann zur Funktion der Lebensstilbildung (Böhnisch 1999: 257). Die entsprechende Habitusbildung und die sozialräumliche Aneignungs- und sozialöffentliche Partizipationschance verweist auf einen komplizierten Zusammenhang zwischen Selbstkonzept der Person und sozialem Bewältigungsverhalten.

Solange die kulturelle Dominanz der Erwerbsarbeit zusätzlich eine patriarchalische Geschlechterhierarchie widerspiegelt, wird das gelingende Alter(n) auch noch zu einer geschlechtsspezifisch überformten Herausforderung. Da erfolgreiches Altern mit der Entwicklung von Sozialkontakten zu tun hat, wird der Mann in der nachberuflichen Phase auf sich selbst zurückgeworfen „und erschrickt, wenn es sich ihm als hohle und leere Männerhülse präsentiert.“ (Böhnisch 1999: 261) Ihm wird sein lebenslang aufgebautes Selbst zum Problem (Schulz-Nieswandt 1999a): seine Außenfixierung, das erlernte Dominanzstreben, die Leistungsorientierung, seine innere Hilflosigkeit. Das Dominanzmuster des Mannes wird im Alter zum Kompetenzproblem: „Das Alter dekonstruiert den männlichen Sozialisationstypus.“ (Böhnisch 1999: 262)

Fazit

Aus der Verdichtung der vorgetragenen Argumente und Befunde läßt sich nur eine Schlußfolgerung ziehen. Altersgrenzen an sich sind nicht das Problem. Verschiebungen im Rollengefüge der Individuen einer Gesellschaft gehören zur Dynamik des Lebens hinzu. Statuspassagen strukturieren den Lebenszyklus sinnhaft und symbolisieren Generationenwechsel. Rigide fixierte Altersgrenzen sind jedoch aus personologischer wie aus gesellschaftlicher Sicht nicht optimale Strategien zur Bewältigung eines anthropologisch immer wieder neu sich stellenden Problems: Wie teilt man Tätigkeitsrollen auf die Altersgruppen und auf die

Geschlechter auf? Wie sieht die Ressourcenausstattung des Alters als private Existenz aus? Und wie nutzt man dadurch das Humanvermögen des Alters als Ressource der Gesellschaft?

Literaturverzeichnis

Alber, J. & M. Schölkopf (1999). Seniorenpolitik. Amsterdam

Bäcker, G. & G. Naegele (1993). Geht die Entberuflichung des Alters zu Ende? Perspektiven einer Neuorganisation der Alterserwerbsarbeit. In: G. Naegele & H.P. Tews (Hrsg.). Lebenslagen im Strukturwandel des Alters. Opladen, 135–157

Bäcker, G. u. a. (2000). Sozialpolitik und soziale Lage in Deutschland. 3. Aufl. Bd. 2. Opladen

Behrend, Chr. (1997). Beschäftigungsstrukturen und Alterssicherung. Weiden-Regensburg

Behrend, Chr. (1997a). Die zukünftige Beendigung des Erwerbslebens – Kontinuität oder Abbau sozialer Standards? Weiden-Regensburg

Behrens, J. u. a. (1999). Länger erwerbstätig – aber wie? Opladen-Wiesbaden

BMFSFJ (Hrsg.) (1998): Zweiter Altenbericht. Wohnen im Alter. Bonn

Boecken, W. (1998). Förderung eines gleitenden Übergangs in den Ruhestand: Altersteilzeit und Teilrente. Arbeit und Sozialpolitik 52 (9+10), 29–45

Boecken, W. (1999). Aussetzung der Rentenanpassung: sechs Gründe gegen eine sozialpolitisch verfehlte Rentenreform. Sozialer Fortschritt 48 (8), 211 ff.

Böhnisch, L. (1999). Sozialpädagogik der Lebensalter. 2., überarb. Aufl. Weinheim-München

Buchmüller, R. u. a. (1996). Vor dem Ruhestand. Eine psychologische Untersuchung zum Erleben der Zeit vor der Pensionierung. Bern u. a.

Bundesministerium für Umwelt, Jugend und Familie Österreich (Hrsg.) (1999). Ältere Menschen – Neue Perspektiven. Österreichischer Bericht zur Lebenssituation älterer Menschen 1999. Wien

Dreier, R. & St.L. Paulson (1999). Zum 50. Todestag von Gustav Radbruch. Archiv für Rechts- und Sozialphilosophie 85 (4), 463–468

Elwert, G. (1992). Alter im interkulturellen Vergleich. In: Baltes, P. B. & J. Mittelstraß (Hrsg.). Zukunft des Alterns und gesellschaftliche Entwicklung. Berlin/New York 260–282

Filipp, S.-H. & A.-K. Mayer (1999). Bilder des Alters. Altersstereotype und die Beziehungen zwischen den Generationen. Stuttgart u. a.

Göckenjan, G. (2000). Das Alter würdigen. Altersbilder und Bedeutungswandel des Alters. Frankfurt am Main

Guillemard, A.-M. (1999). Gerechtigkeit und Umverteilung zwischen Generationen: Eine Herausforderung für die Zukunft der Alterssicherung und aller sozialen Schutzsysteme. Internationale Revue für Soziale Sicherheit 53 (3), 81–109

Kohli, M. (1985). Die Institutionalisierung des Lebenslaufs. Kölner Zeitschrift für Soziologie und Sozialpsychologie, 1–29

Kohli, M. (1989). Erwerbsleben und Ruhestand. Zeitschrift für Gerontopsychologie und -psychiatrie, 47–54

Kohli, M. & J. Wolf (1987). Altersgrenzen im Schnittpunkt von betrieblichen Interessen und individueller Lebensplanung. Soziale Welt, 92–110

Maier, G. (1997). Das Erleben der Berufssituation bei älteren Arbeitnehmern. Frankfurt am Main

Marzi, H. (1998). Ethnologische Altersforschung im Wandel. In: D. Dracklé (Hrsg.). Alt und Zahm? Alter und Älterwerden in unterschiedlichen Kulturen. Berlin/Hamburg, 13–31

Mayring, Ph. (2000). Pensionierung als Krise oder Glücksgewinn? Zeitschrift für Gerontologie und Geriatrie 33, 124–133

Mead, M. (1974). Der Konflikt der Generationen. Jugend ohne Vorbild. München

Naegele, G. (1992). Zwischen Arbeit und Rente. Gesellschaftliche Chancen und Risiken älterer Arbeitnehmer. Augsburg

Naegele, G. (1998). Lebenslagen älterer Menschen. In: A. Kruse (Hrsg.): Psychosoziale Gerontologie. Band 1: Grundlagen. Jahrbuch der Medizinischen Psychologie 15. Göttingen u. a., 106–128

Niederfranke, A. (1991). Älterwerden im Beruf: Berufs- und Lebensperspektiven älterer Arbeitnehmerinnen und Arbeitnehmer. Zeitschrift für Gerontologie 24, 251–256

Opaschowski, H.W. (Hrsg.) (1998). Leben zwischen Muß und Muße. Die ältere Generation: Gestern. Heute. Morgen. Hamburg

Peters, R.-H. & V. Steiner (2000). Beschäftigungseffekte und Kosten einer „Rente mit 60“. Wirtschaftsdienst 80 (4), 236–243

Radbruch, G. (1973). Rechtsphilosophie. 8. Aufl. Stuttgart

Rosenmayr, L. (1983). Die späte Freiheit. Berlin

Sackmann, R. (1998). Konkurrierende Generationen auf dem Arbeitsmarkt. Altersstrukturierung in Arbeitsmarkt und Sozialpolitik. Opladen/Wiesbaden

Sagner, A. (1997). Wurzeln, Gegenstandsbereiche und Entwicklungslinien der ethnologischen Altersforschung. Zeitschrift für Ethnologie 122, 143–168

Saup, W. & Ph. Mayring (1995). Pensionierung. In: R. Oerter & L. Montada (Hrsg.). Entwicklungspsychologie. 3., vollst. überarb. u. erw. Aufl. Weinheim, 1110–1115

Schulz-Nieswandt, F. (1999): Einführung in die anthropologisch fundierte Sozialpolitik der Alternsformen und Altersgestalten. Weiden/Regensburg

Schulz-Nieswandt, F. (1999a). Quality of life of elderly men. The Aging Male 2(4), 211–217

Schulz-Nieswandt, F. (2000). Zu einer archetypischen Morphologie der Sozialpolitik. Genossenschaft und sakrales Königtum. Weiden-Regensburg

Schulz-Nieswandt, F. (2000a). Personale Lebenslagen in der Statuspassage. In: Zeman, P. (Hrsg.). Selbsthilfe und Engagement im nachberuflichen Leben. Regenburg, 16–28

Schulz-Nieswandt, F. (2000b). Studien zur strukturalen Anthropologie sozialer Hilfeformen und sozialer Risikogemeinschaften. Regensburg (in Druck)

Schweres, M. (1997). Alterssozialpläne und Frühverrentung aus arbeitswissenschaftlicher Sicht. Zeitschrift für Arbeitswissenschaft 53 (23 NF) 2, 113–120

Siegrist, J. (1996). Soziale Krisen und Gesundheit. Eine Theorie der Gesundheitsförderung am Beispiel von Herz-Kreislauf-Risiken im Erwerbsleben. Göttingen u. a.

Van Gennep, A. (1999). Übergangsriten. Frankfurt am Main/New York

Vogel, A. (2000). Rente mit 60 – Was kostet ein „freigemachter“ Arbeitsplatz. Arbeit und Sozialpolitik (1+2), 46 ff.

Von Kondratowitz, H.-J. (1999). Sozialanthropologie. In: Jansen, B. u. a. (Hrsg.). Soziale Gerontologie. Ein Handbuch für Lehre und Praxis. Weinheim-Basel, 106–125

Von Kondratowitz, H.-J. (2000). Konjunkturen des Alters. Die Ausdifferenzierung der Konstruktion des „höheren Lebensalters" zu einem sozialpolitischen Problem. Regensburg

Wahl, H.-W. & A. Kruse (1999). Aufgaben, Belastungen und Grenzsituationen im Alter. Gesamtdiskussion. Zeitschrift für Gerontologie und Geriatrie 32, 456–472

Friedrich Schneider

Die Schattenwirtschaft – Tatbestand, Ursachen, Auswirkungen[1]

1. Einleitung und Problemstellung

In der Öffentlichkeit wird die Schwarzarbeit und deren rapides Anwachsen seit einigen Jahren intensiv diskutiert, und hierzu werden unterschiedliche Standpunkte eingenommen: Einerseits wird die Meinung vertreten, daß die Schwarzarbeit zumindest teilweise für eine Reihe von wirtschaftspolitischen Problemen (z. B. die Zunahme der Arbeitslosigkeit, die steigende Staatsverschuldung und die wachsenden Defizite der Sozialversicherungsträger) verantwortlich sei. Andererseits gibt es auch die Meinung, daß die Schwarzarbeit einen von Individuen geschaffenen Freiraum darstellt, in dem man sich den unberechtigten sowie übermäßig hohen staatlichen Zwängen entziehen kann. Ebenso wird das Abwandern in die Schwarzarbeit auch als eine Reaktion auf eine übertriebene Bevormundung der Individuen durch die staatlichen Institutionen, insbesondere der Bürokratie, empfunden. Andere Sozial- und Wirtschaftswissenschaftler führen das Argument ins Feld, daß zumindest ein Teil des wirtschaftlichen Wohlstandes der Schattenwirtschaft zu verdanken sei, insbesondere in Ländern wie z. B. Italien, in denen die Schattenwirtschaft ein Ausmaß von weit über 25% vom amtlich erfaßten Bruttoinlandsprodukt (BIP) erreicht hat.

In diesem Beitrag soll daher in knapper Form auch die Frage diskutiert werden: Ist die Schattenwirtschaft per se für einen Staat bzw. für die Wohlfahrt der Bürger

[1] Einige Teile dieses Beitrages sind aus der gemeinsamen Forschung mit Dipl.-Vw. Dominik Enste (Universität zu Köln, Abteilung für Wirtschaftspolitik) entnommen.

etwas Schlechtes oder kann man ihr auch gute Seiten abgewinnen? Im folgenden Teil 2 folgen zunächst einige Ausführungen zur Definition und Messung der Schattenwirtschaft und in Teil 3 wird dann die Entwicklung und Größe der Schattenwirtschaft im deutschsprachigen Raum dargestellt. Teil 4 setzt sich mit den Ursachen für das Ansteigen der Schwarzarbeit auseinander und diskutiert Maßnahmen zu ihrer Bekämpfung. Im abschließenden Teil 5 werden die wirtschafts- und staatspolitischen Herausforderungen der Schattenwirtschaft besprochen.

2. Zur Definition und Messung der Schattenwirtschaft

Bei der Bewertung der Schattenwirtschaft spielt die Abgrenzung der Definition eine bedeutende Rolle. Viele Kontroversen würden sich erübrigen, wenn offengelegt würde, wovon gesprochen wird. Die Schattenwirtschaft (im weiteren Sinne) läßt sich grundsätzlich unterteilen in den Bereich erwerbswirtschaftlicher (Schattenwirtschaft i.e.S.) und bedarfswirtschaftlicher Aktivitäten (Selbstversorgungswirtschaft).[2] Die folgende Analyse konzentriert sich auf den Bereich der Schattenwirtschaft i.e.S., der keine kriminellen und damit illegalen Aktivitäten (Drogen- oder Menschenhandel, Diebstahl) umfaßt. Reine bedarfswirtschaftliche Aktivitäten (Haushaltsführung, ehrenamtliche Aktivitäten, Kindererziehung der Eltern) gehören ebenfalls nicht zum Untersuchungsgegenstand.

Hier werden somit solche erwerbswirtschaftlichen Aktivitäten zur Schattenwirtschaft gerechnet, die eigentlich zum offiziellen Sozialprodukt hinzuzurechnen wären, aber entweder wegen der Hinterziehung von Steuern und/oder Abgaben oder wegen der Umgehung

---

[2] Vgl. für eine ausführliche und differenzierte Diskussion der Definitionsproblematik z. B. Thomas (1992).

von Vorschriften verheimlicht werden. Diese (legalen) Arbeiten, Güter und Dienstleistungen tragen zur Wertschöpfung eines Landes bei, werden jedoch im Bruttoinlandsprodukt nicht erfaßt, da die Ausführung der Tätigkeiten (z. B. Handwerksarbeiten ohne entsprechenden Meisterbrief) illegal ist. Die Betrachtung aus gesamtwirtschaftlicher und gesellschaftspolitischer Perspektive führt zu einem eher positiven Gesamturteil, was diese „weichen Formen" der Schwarzarbeit (z. B. nebenberufliche Handwerker- oder Dienstleistungstätigkeiten am Wochenende wie Bauen, Renovieren und Reparieren) und ihren Beitrag zur Wertschöpfung angeht.

Die Ermittlung der Größe der Schattenwirtschaft beschäftigt die Wissenschaft seit langem und die Diskussion über die „richtige" Erhebungsmethode wird bis heute kontrovers geführt.[3] Es gibt grundsätzlich drei Erfassungsmethoden:

1. Direkte Verfahren, bei denen auf der Mikroebene z. B. mit Hilfe von Befragungen der Umfang der Schattenwirtschaft zu einem bestimmten Zeitpunkt erhoben wird.

2. Indirekte Verfahren, bei denen nach Indikatoren auf der Makroebene für die Entwicklung der Schattenwirtschaft im Zeitablauf gesucht wird.

3. Modell-Ansätze, bei denen versucht wird, die Größe der Schattenwirtschaft als „unbeobachtbare" Variable über statistische Schätzverfahren zu ermitteln.

Die folgenden Berechnungen wurden mit dem Bargeldansatz[4] durchgeführt. Mit diesem indirekten Verfahren

---

[3] Vgl. Bhattacharyya (1999); Dixon (1999); Feige (1989); Giles (1999); Schneider (1986); Schneider/Enste (2000a; 2000b); Tanzi (1999); Thomas (1992; 1999).

[4] Diese Methode wird in Schneider (1994) sowie in Schneider und Enste (1999) im Detail dargestellt. Darüber hinaus wird in diesen Studien ausführlich sowohl auf die Vor- und Nachteile des Bargeldansatzes als auch auf die anderen

kann – unter der plausiblen Annahme, daß viele schattenwirtschaftliche Aktivitäten bar abgewickelt werden – auf den Umfang der Schattenwirtschaft geschlossen werden. Dazu wird die Bargeldmenge ermittelt, die zur Erwirtschaftung des offiziellen Sozialproduktes erforderlich wäre. Diese Geldmenge wird mit dem tatsächlichen Bargeldumlauf verglichen. Die Differenz zwischen der tatsächlichen Entwicklung des Bargeldbedarfs und der „normalen" Entwicklung wird als Indikator für die Entwicklung der Schattenwirtschaft angesehen. Auf Basis dieser Differenz kann dann die Wertschöpfung in der Schattenwirtschaft errechnet werden.

3. Entwicklung und Größe der Schattenwirtschaft im deutschsprachigen Raum

Im Jahr 2001 werden das offizielle BIP und die Schattenwirtschaft aufgrund der vorgenommenen Steuerreform voraussichtlich um jeweils 2,4% zunehmen. Das Volumen der Schattenwirtschaft wird im Jahr 2001 in Deutschland auf 658 Mrd. DM geschätzt, das entspricht einem „Rekordanteil" von 16,0% des offiziellen BIP. Betrug die Schattenwirtschaft im Jahr 1975 noch 5,75% des BIP, so hat sie sich bis zum Jahr 2001 nahezu verdreifacht. Dies zeigt, daß im langfristigen Trend die Schattenwirtschaft sicherlich der am stärksten wachsende „Wirtschaftszweig" in Deutschland ist (*Tabelle 1*). Ähnliche Ergebnisse erzielt man für Österreich und die Schweiz. Betrug die Schwarzarbeit in Österreich im Jahr 1975 2,04% des offiziellen BIP, so wird sich dieser Wert im Jahr 2001 auf 10,52% erhöhen; in der Schweiz betrug sie im Jahr 1975 3,20% des offiziellen BIP und dieser Wert wird bis zum Jahr 2001 auf 9,28% ansteigen.

Schätzverfahren zur Ermittlung des Ausmaßes der Schwarzarbeit eingegangen.

Tabelle 1:

Die Größe der Schwarzarbeit in Deutschland, Österreich und der Schweiz über den Zeitraum 1975 bis 2001 – berechnet mit Hilfe des Bargeldansatzes[1)]

	Größe der Schwarzarbeit (in % des „offiziellen" BIP)					
	Deutschland		Österreich		Schweiz	
Jahr	in %	Mrd. DM	in %	Mrd. ÖS	In %	Mrd. SFr.
1975	5,75	59	2,04	13	3,20	12
1980	10,80	160	2,69	27	4,90	14
1985	11,20	204	3,92	53	4,60	17
1990	12,20	295	5,47	99	6,20	22
1995	13,90	481[2)]	7,32	170	6,89	25
1996	14,50	514[2)]	8,32	201	7,51	27
1997	15,00	548[2)]	8,93	220	8,04	29
1998	14,80	560[2)]	9,09	233	7,98	30
1999	15,51	602[2)]	9,56	251	8,34	32
(2000)[3)]	16,03	643[2)]	10,07	272	8,87	35
(2001)[3)]	16,00	658[2)]	10,92	291	9,28	37,5

1) Die *Größe der Schwarzarbeit* ist *zwischen den drei Ländern nur bedingt vergleichbar*, da die Bargeldnachfragefunktionen unterschiedlich spezifiziert werden und nicht die gleiche Anzahl von Ursachen, die für die Schwarzarbeit verantwortlich sind, enthalten.

2) Ab dem Jahr 1995 Werte für *Gesamt*deutschland.

3) Prognose bzw. Schätzwert, da die offiziellen Statistiken noch nicht vorliegen.

Quelle: Eigene Berechnungen

Auch im internationalen Vergleich steigt die Schattenwirtschaft in nahezu allen OECD-Staaten stark an. In der *Tabelle 2* ist die Größe der Schattenwirtschaft in Prozent des offiziellen BIP von 18 OECD-Staaten über die Jahre 1994–1998 dargestellt. Die Spitzengruppe bilden hier die südeuropäischen Länder Griechenland, Italien und Spanien, bei denen die Schattenwirtschaft ein Ausmaß zwischen 23 und 29% des offiziellen BIP erreicht hat. Es folgen dann die skandinavischen Länder mit einem Schattenwirtschaftsausmaß von knapp unter 20%. Deutschland befindet sich in diesem internationalen Vergleich im unteren Drittel neben Australien, Großbritannien und den Vereinigten Staaten.

Tabelle 2:

Die Größe der Schattenwirtschaft in % des „offiziellen“ BSP von 18 OECD-Staaten der Jahre 1994–98; berechnet mit Hilfe des Bargeld-Ansatzes[1)]

		Größe der Schattenwirtschaft in % des „offiziellen“ BSP der Jahre						
Nr.	Land	1994	1995	1996	1997	1998	1999	2000
1	Griechenland	26,0 %	26,6 %	28,5 %	28,7 %	29,0 %	-	-
2	Italien	25,8 %	26,2 %	27,0 %	27,3 %	27,8 %	-	-
3	Spanien	22,3 %	22,6 %	22,9 %	23,1 %	23,4 %	-	-
4	Portugal	21,2 %	21,9 %	22,3 %	22,9 %	23,2 %		-
5	Belgien	21,4 %	21,6 %	21,9 %	22,4 %	22,6 %	-	-
6	Schweden	18,3 %	18,9 %	19,2 %	19,8 %	20,0 %	-	-
7	Norwegen	17,9 %	18,5 %	18,9 %	19,4 %	19,7 %	-	-
8	Dänemark	17,6 %	18,1 %	18,3 %	18,1 %	18,4 %	-	-
9	Irland	15,3 %	15,6 %	15,9 %	16,1 %	16,3 %	-	-
10	Kanada	14,6 %	15,0 %	15,1 %	14,8 %	15,0 %	-	-
11	Frankreich	14,3 %	14,8 %	14,9 %	14,7 %	14,9 %	-	-
12	Niederlande	13,6 %	14,1 %	14,0 %	13,5 %	13,5 %	-	-
13	Deutschland	13,1 %	13,9 %	14,5 %	15,0 %	14,8 %	15,51 %	16,03 %
14	Australien	13,0 %	13,2 %	14,0 %	13,9 %	14,1 %	-	-
15	Großbritannien	12,4 %	12,6 %	13,1 %	13,0 %	13,0 %	-	-
16	USA	9,4 %	9,0 %	8,8 %	8,8 %	8,9 %	-	-
17	Österreich	6,7 %	7,3 %	8,3 %	8,9 %	9,1 %	9,6 %	10,1 %
18	Schweiz	6,6 %	6,9 %	7,5 %	8,1 %	8,0 %	8,3 %	8,9 %

1) Es sei darauf hingewiesen, daß ein *Vergleich* der Größe der Schattenwirtschaft *zwischen den Ländern* nur bedingt möglich ist, da die Bargeldnachfragefunktionen unterschiedlich spezifiziert wurden und nicht die gleiche Anzahl von Ursachen, die für die Schattenwirtschaft verantwortlich sind, enthalten.

Quelle: Eigene Berechnungen

Allerdings zeigen neuere Umfrageergebnisse, daß mittlerweile sowohl die Bereitschaft zur Schwarzarbeit als auch deren Akzeptanz in Deutschland ständig zunimmt. Über die Hälfte der Bevölkerung ist beispielsweise grundsätzlich dazu bereit, Schwarzarbeit nachzufragen, wenn sich die Gelegenheit dazu bietet. Jeder Zweite würde somit die Frage „Brauchen Sie eine Rechnung?" verneinen und dadurch zumindest die Mehrwertsteuer sparen. Etwa ein Drittel der Bevölkerung leistet selber Schwarzarbeit und umgeht so die hohe Steuer- und Abgabenlast und die hohe Regulierungsdichte.[5]

Die Ursachen der Unterschiede zwischen Ländern mit großer und kleiner Schattenwirtschaft liegen sicherlich auch darin, daß z. B. in den USA weniger Vorschriften gelten als in Deutschland, wo – plakativ formuliert – alles verboten ist, was nicht ausdrücklich erlaubt ist. Die staatlichen Eingriffe in die persönlichen Freiräume sind in vielen Bereichen zu weitgehend. Die Folge ist, daß deren Notwendigkeit und Berechtigung immer weniger gesehen wird. Provokativ gesagt: In Italien ist die Schattenwirtschaft deshalb so groß, weil vieles als legitim angesehen wird, was eigentlich verboten ist. Dies ist gleichbedeutend mit der „Abwahl der geltenden Normen des Wirtschaftens" (SVR, 1980/81, S. 145). Ohne Korrekturen in der Wirtschaftspolitik könnten in Deutschland demnächst „südeuropäische Verhältnisse" drohen.

4. Einige Ursachen für das Ansteigen der Schwarzarbeit und Maßnahmen zu ihrer Bekämpfung

Die wesentlichen Ursachen für dieses weitere Ansteigen der Schwarzarbeit liegen in der hohen Steuer- und Abgabenbelastung, der sich verschlechternden Steuer-

[5] Vgl. Forschungsstelle für empirische Sozialökonomik (2000); Lamnek/Olbrich/Schäfer (2000).

moral, der Verunsicherung in der Steuer- und Sozialversicherungsgesetzgebung (z. B. bei den 630-DM-Jobs), der Verkürzung der Arbeitszeit („Rente mit 60“) und der zunehmenden Regulierung des Arbeitsmarktes. Die Steuerzahler selber gehen davon aus, daß über 32,5% (29% Prozent im Jahr 1997) selber schwarz arbeiten und über 27,7% (25%) Schwarzarbeit in Anspruch nehmen. Dies ist ein Zuwachs von über 11%, wie die neuesten repräsentativen Umfrageergebnisse (November 1999) zeigen.

Über den Umfang, die Ursachen und die gesamtwirtschaftlichen Wirkungen dieser Zunahme der Schattenwirtschaft wird in der Öffentlichkeit seit einiger Zeit wieder intensiv diskutiert. Kontrovers sind die Ansichten auch darüber, welche wirtschaftspolitischen Maßnahmen richtig sind, um diesem Phänomen zu begegnen. Eine Bekämpfung der Symptome über höhere Strafen und intensivere Strafverfolgung verursacht auf beiden Seiten nur mehr Kosten – einerseits höhere Verwaltungskosten für den Staat und andererseits mehr Aufwand und Tricks bei der Verheimlichung bei den Schwarzarbeitern. Dadurch wird die Wertschöpfung reduziert, da die Leistungen aufgrund der höheren Lohn- und Lohnnebenkosten in der offiziellen Wirtschaft nicht erbracht würden. Notwendig ist daher eine systematische Ursachenbekämpfung.

Die wichtigste Ursache für die starke Zunahme der Schattenwirtschaft ist das Versagen der Wirtschaftspolitik. Nicht nur die zu hohe Steuer- und Abgabenbelastung auf den Faktor Arbeit und die zunehmende Regulierungsdichte sind wichtige Gründe, sondern auch die auf Umverteilung ausgerichtete Arbeitszeitpolitik, wie die „Rente ab 60“. Über die Hälfte der Bürger meint, aufgrund der hohen Steuer- und Abgabenbelastung teilweise auf die Schwarzarbeit angewiesen zu sein. Die Untersuchung von Schneider und Enste (2000a) zeigt z. B., daß alle Versuche der Umverteilung von Arbeit über staatlich geförderte Arbeitszeitverkürzungen (wie z. B. „Rente ab 60“) unter Einbeziehung des Wirtschaftszweiges „Schattenwirtschaft“ scheitern müssen, insbesondere wenn sie nicht den Wünschen der Arbeitnehmer entsprechen. Neuere Untersuchungen, z. B. des DIW in Berlin, zeigen, daß viele Beschäftigte gerne länger arbeiten wollen. Und wer dies im Licht (offiziell) nicht mehr darf, wandert „in den Schatten“ ab und arbeitet schwarz. *Erstmals überschreitet deshalb die geschätzte Zahl der „Vollzeitschwarzarbeiter“*[6] *im Jahr 2000 die 5-Millionen-Grenze.* Eine rationale Wirtschaftspolitik, d. h. die Verringerung der Steuer- und Abgabenlast, könnte mittelfristig dazu beitragen, daß ein Teil dieser Leistungen wieder in der offiziellen Wirtschaft erbracht wird und die Arbeitslosigkeit deutlich verringert wird. Es gibt in Deutschland nicht zu wenig Arbeit, sondern unter den offiziellen Bedingungen ist die Arbeitskraft „nur“ nicht bezahlbar. Die auf Basis der Prognose über die Wertschöpfung in der Schattenwirtschaft errechnete Zahl der „Vollzeitschwarzarbeiter“ ist natürlich eine fiktive Größe, da Schwarzarbeit tatsächlich überwiegend „nebenberuflich“ und deshalb von wesentlich mehr Bürgern ausgeübt wird. Aber sie veranschaulicht drastisch, wie wichtig strukturelle Reformen sind.

Bleibt die Frage, warum die Politiker außer Symptombekämpfungen wie öffentlichkeitswirksamen Razzien auf Großbaustellen keine substantiellen Reformen zur Verringerung der Anreize zur Schwarzarbeit umsetzen. Einige Antworten versuchen Schneider und Enste (2000a) zu geben, indem sie die Interessenlage von Politikern und den Vertretern von Verbänden betrachten. Vor dem Hintergrund der Stimmenmaximierung für die Wiederwahl ist es für Politiker sinnvoll, eine Bekämpfung der Schwarzarbeit möglichst glaubwürdig zu suggerieren, ohne jedoch tatsächlich die

---

[6] Zu der Ziffer von 5 Mio. „Vollzeitschwarzarbeitern“ kommt man aufgrund der in der Schwarzarbeit geleisteten Stunden, wenn man diese dann wie in der offiziellen Wirtschaft auf Ganztags-Beschäftigte umrechnet.

Chancen zur Einkommenserzielung für ihre potentiellen Wähler zu verringern. Dies ist rational, zumal bei den Bürgern nach neuesten repräsentativen Umfrageergebnissen aus dem Jahr 1999 das Ausweichen in die Schattenwirtschaft weiter um über 11,4% (im Vergleich zu 1997) an Popularität gewonnen hat. Eine andere Studie aus diesem Jahr zeigt, daß die Bereitschaft zur Schwarzarbeit sogar bei über 50% vorhanden ist. Die (sich verringernde) Steuermoral ist eine wichtige Erklärungsvariable für die Zunahme der Schwarzarbeit.

Neben den Ursachen müssen v. a. die gesellschaftspolitischen Auswirkungen des dynamischen Wachstums der Schattenwirtschaft analysiert werden, da die Politik sich früher oder später mit diesem Phänomen auseinandersetzen muß. Die Abwanderung in den „Untergrund" ist v. a. in OECD-Staaten eine Reaktion der Bürger auf nicht mehr akzeptierte staatliche Eingriffe (u. a. Steuer- und Abgabenbelastung, Regulierungsdichte, Arbeitszeitvorschriften), von denen sie sich zu sehr belastet und eingeschränkt fühlen. Statt einer Nutzung von Wahlen („Voice-Option") zur Veränderung der Situation wird die „Exit-Option" vorgezogen.[7] Die Beitrags- und Steuerbemessungsgrundlage erodiert durch das Ausweichen in die Schattenwirtschaft und in der Folge müssen die Beitrags- und Steuersätze weiter erhöht werden, so daß die Attraktivität der Abwanderung weiter erhöht wird. Über einen kumulativen Prozeß kann dies im Extremfall zur Staatskrise führen, denn die formellen Institutionen und Regeln des Zusammenlebens werden nicht mehr akzeptiert.[8] Es kommt zu einer Abwahl der geltenden Wirtschaftsordnung. Bereits Schmölders (1980, S. 378f) hat im Zuge seiner finanzpsychologischen Forschungen auf diese Gefahr hingewiesen. Die immer mehr verfeinerten und perfektionierten Reglementierungen und Institutionen,

---

7 Vgl. zur Begrifflichkeit und Bedeutung Hirschmann (1974, 1994).

8 Vgl. Pommerehne/Kirchgässner (1994) S. 856f.

die „ihre Anschaulichkeit und ihr moralisches Profil längst verloren haben," reduzieren die Bereitschaft zur Erfüllung staatsbürgerlicher Pflichten und verstärken die Bereitschaft zum Trittbrettfahrerverhalten und damit zur Ausnutzung der staatlichen Einrichtungen.

Die Zunahme der Schwarzarbeit als Reaktion des „kleinen Mannes" auf die Zunahme der Steuerhinterziehung und die Steuerverschwendungen des Staates kann dabei als eine Art „Demokratisierung des Steuerwiderstandes" (Gretschmann, 1986, S. 125) angesehen werden. Eine Verschärfung der Kontrollen und Sanktionen zur Bekämpfung der Schwarzarbeit erscheint aber wenig erfolgversprechend, da dies nur die Kreativität der Betroffenen fördert, neue Umgehungsmöglichkeiten zu suchen.

5. Schwarzarbeit als wirtschafts- und staatspolitische Herausforderung

Die soeben gemachten Ausführungen verdeutlichen, daß nicht nur die quantitative Größenordnung der Schattenwirtschaft in Deutschland, Österreich und der Schweiz bedeutend ist, sondern auch, daß deren Ansteigen in den letzten Jahren und insbesondere die wirtschaftspolitischen Auswirkungen, die sich aus dieser Größenordnung und der Zunahme der Schwarzarbeit ergeben, wieder in den Mittelpunkt der Diskussion rücken. Verfolgt man die Aussagen von Politikern, Journalisten und Verbandsvertretern, dann kann man leicht den Eindruck gewinnen, daß das rapide Anwachsen der Schwarzarbeit seit Beginn der 70er Jahre für viele wirtschaftspolitische Probleme verantwortlich ist: so z. B. für die steigende Arbeitslosigkeit, die zunehmende Staatsverschuldung oder für die Finanzierungskrise der Sozialversicherungssysteme.

Neben den Ausfällen an Steuer- und Sozialversicherungsbeiträgen treten durch das Anwachsen der Schwarzarbeit noch weitere Probleme auf: so werden die amtlichen Statistiken verfälscht (z. B. Überschätzung der Arbeitslosenquote), so daß dadurch die Wirtschaftspolitik, die sich an den amtlichen Statistiken orientiert, unter Umständen fehlgeleitet werden kann. Auch hat die Schwarzarbeit unerwünschte Umverteilungseffekte zur Folge: so fließen Transfers von jenen, die offiziell arbeiten, zu denen, die in der Schattenwirtschaft tätig sind, selbst wenn letztere über ein höheres Einkommen als jene in der offiziellen Wirtschaft verfügen. Aufgrund dieser negativen Konsequenzen der Schattenwirtschaft wird häufig gefordert, daß Schwarzarbeit streng zu ahnden und mit hohen Strafen zu belegen sei.

Nun sollte man sich aber fragen, ob es wirklich so ist, daß Schwarzarbeit nur negative Konsequenzen hat. Sieht man einmal davon ab, daß es sehr umstritten und unklar ist, ob die geforderten härteren Strafen und strengeren Kontrollen die Schwarzarbeit tatsächlich wesentlich eindämmen können, so ist es ebenso fraglich, ob bei einer erfolgreichen Verminderung der Schwarzarbeit tatsächlich zusätzliche Arbeitsplätze geschaffen werden. Zum einen ist zu bedenken, inwieweit die heute in der Schwarzarbeit Tätigen ihr Arbeitsangebot auch unter den Bedingungen der offiziellen Wirtschaft (z. B. hohe Steuerbelastung, insbesondere auf Überstunden und Zusatztätigkeiten) aufrecht erhalten würden. Zum anderen kann auch bezweifelt werden, ob ein ähnlicher Umfang an Nachfrage nach diesen Leistungen auch zu den dann geltenden Preisen (2–3 mal so teuer wie in der Schwarzarbeit) noch bestünde.

Weitere positive Aspekte der Schattenwirtschaft sind, daß sich für die in ihr Arbeitenden ein zusätzlicher Nutzen ergibt, der immerhin größer ist als der Erwartungswert der angedrohten Strafen, da sonst diese Tätigkeiten nicht ausgeführt würden. Aber auch gesamtwirtschaftlich sind positive Auswirkungen feststellbar.

Für Österreich hat der Verfasser in mehreren Studien[9] gezeigt, daß ca. 70% des in der Schattenwirtschaft erzielten Einkommens wieder in die „offizielle" österreichische Wirtschaft zurückfließt und dieses zusätzliche Einkommen somit einen sehr bedeutenden Nachfragefaktor darstellt. Weiterhin kann man argumentieren, daß sich die Schattenwirtschaft belebend auf die offizielle Wirtschaft auswirkt, indem sie zu mehr Wettbewerb anregt und Effizienzsteigerungen bewirkt. Auch kann Schwarzarbeit und damit einhergehende Steuerhinterziehung wie eine Steuersenkung auf die „offizielle" Wirtschaft wirken, die zur Stabilisierung oder gar zur Förderung des Wirtschaftswachstums beitragen kann. Die niedrigen Preise schwarz erbrachter Leistungen im Vergleich zu denen in der offiziellen Wirtschaft führen zu einer Reduktion des Preisniveaus, und die niedrigen Preise führen dazu, daß viele sich einen Lebensstandard leisten können, den sie sich mit dem Einkommen aus der offiziellen Wirtschaft niemals leisten könnten.

All dies bedeutet jedoch nicht, daß ein Anwachsen der Schattenwirtschaft insgesamt nur positiv zu beurteilen ist. Selbst wenn die behaupteten negativen Auswirkungen nicht in diesem Ausmaß auftreten und die angeführten positiven Effekte tatsächlich bestehen, so gibt es eine Reihe eindeutig negativer Auswirkungen der Schattenwirtschaft. Zum einen muß der Staat erhebliche Ressourcen aufwenden, um durch Kontrollen und andere Aktivitäten die Schwarzarbeit einzudämmen, während die in der Schattenwirtschaft Tätigen auch erhebliche Kosten auf sich nehmen, zumindest einen Teil ihrer Aktivitäten zu verbergen. Volkswirtschaftlich gesehen sind jedoch beide Aktivitäten unproduktiv, da die erforderlichen Ressourcen nicht für die Produktion von Gütern und Dienstleistungen zur Verfügung stehen.

Die vielleicht wichtigste negative Auswirkung, insbesondere bei einer stark steigenden Schattenwirtschaft, besteht jedoch darin, daß hier in zunehmendem Maße

[9] Vergleiche hierzu Schneider und Enste (2000a).

das „bonum commune“ in Frage gestellt wird.[10] Das einzelne Individuum scheint umso eher bereit zu sein, schwarz zu arbeiten, je mehr Menschen ihm persönlich als Schwarzarbeiter bekannt sind. Die wachsende Bereitschaft kann zum einen damit zusammenhängen, daß das Individuum vermehrt über die entsprechenden Möglichkeiten informiert wird, zum anderen auch damit, daß es zunehmend das Gefühl erhält, es sei unfair, wenn es sein Einkommen (und seine Arbeitsleistung) dem Fiskus gegenüber korrekt angibt, während sich andere ihrer Verpflichtung entziehen. Je mehr sich die Bürger aber über die Steuergesetze hinwegsetzen, desto eher werden sie auch ihre gesetzlichen Vorschriften mißachten. Es handelt sich dabei um einen kumulativen Prozeß, der im Extremfall bis zur Funktionsuntüchtigkeit der Demokratie und der staatlichen Einrichtungen führen kann, was wesentlich schlimmer als alle oben angesprochenen negativen Auswirkungen wäre.

Es ist somit offensichtlich, daß die Schwarzarbeit eine bedeutende wirtschafts-, aber auch staatspolitische Herausforderung darstellt. Eine erfolgversprechende Wirtschaftspolitik zur Bekämpfung der Schwarzarbeit wird an den Ursachen ansetzen müssen. Höhere Strafen allein bekämpfen nur die Symptome der Schattenwirtschaft, sind unter Umständen teuer und aufwendig und führen nicht zum gewünschten Erfolg.

Welche anderen Maßnahmen bieten sich aber nun an, die Schattenwirtschaft zu bekämpfen? Sicherlich wird man an den Ursachen für die Entstehung der Schattenwirtschaft ansetzen müssen; dies sind der zunehmende Druck von Steuern und Abgaben auf den Faktor Arbeit und die zunehmende Regulierung in der offiziellen Arbeitswelt. Gelingt es mittel- bis langfristig nicht, die hohen Lohnnebenkosten des Faktors Arbeit wieder wesentlich zu verringern, und gelingt es nicht, viele kleine Zusatzarbeiten pauschaliert steuerlich und

---

[10] Siehe hierzu auch Kirchgässner und Pommerehne (1994), S. 856f.

sozialversicherungsmäßig abzugelten und hierfür hohe Freigrenzen für die schon offiziell in der Wirtschaft Beschäftigten zu schaffen, wird man die Schattenwirtschaft nicht effizient bekämpfen können. Darüber hinaus sollten die vielen Regulierungen und Vorschriften, die sich oft lähmend auf das Wirtschaftssystem auswirken, durchforstet und reduziert werden. Zusätzlich könnte die konsequente Anwendung des Luxemburger Modells (reduzierte Sätze der Mehrwertsteuer auf arbeitsintensive Dienstleistungen) einen Teil der bislang schwarz erbrachten Leistungen in die offizielle Wirtschaft „überführen". Weiterhin könnte (sogar kurzfristig) von staatlicher Seite vorgeschlagen werden, daß die staatliche Bauförderung nicht mehr auf Sachleistungen angewendet wird, sondern daß diese bei Vorlage offizieller Rechnungen „nur noch" auf den Faktor Arbeit gewährt wird. Hiermit ist gemeint, daß die Förderung genau die Kosten beim Faktor Arbeit abdeckt, die ihn jetzt so teuer macht (die gesamten Steuern sowie die Sozialversicherungsbeiträge). Dies hätte auch den Vorteil, daß der Hausbauer keinen Anreiz mehr hat, Schwarzarbeiter zu beschäftigen, da diese ihm dann nicht mehr billiger kommen.

All diese Maßnahmen versprechen kurzfristig sicherlich keine bedeutende Reduktion der Schattenwirtschaft – insbesondere da das Arbeiten in ihr viel leichter geschieht als der Ausstieg –, da ein Beziehungsgeflecht entstanden ist und da in der offiziellen Wirtschaft nicht so schnell Alternativen für den Einkommensverlust geboten werden. Langfristig gesehen sind aber die vorgeschlagenen Maßnahmen sicherlich erfolgversprechend, die Schattenwirtschaft zu stabilisieren oder gar einzudämmen. Es besteht also nicht ein Mangel an Instrumenten oder Maßnahmen, sondern es fehlt der Wille der verantwortlichen politischen Entscheidungsträger, diese Herausforderungen aufzugreifen und die entsprechenden Maßnahmen zu setzen.

6. *Zusammenfassung*

Im Jahr 2001 werden das offizielle BIP und die Schattenwirtschaft um voraussichtlich je 2,4% wachsen. Die Schwarzarbeit wird dabei Schätzungen zufolge ein Volumen von 658 Mrd. DM erreichen. Diese Ergebnisse zeigen, daß im langfristigen Trend die Schwarzarbeit sicherlich der am stärksten wachsende Wirtschaftszweig in Deutschland ist. Eine erfolgversprechende Wirtschaftspolitik zur Bekämpfung der Schwarzarbeit wird an den Ursachen ansetzen müssen. Diese sind der zunehmende Druck von Steuern und Abgaben und die zunehmende Regulierung in der offiziellen Arbeitswelt. Vorschläge hierzu wären die konsequente Anwendung des Luxemburger Modells und eine Umstellung der Wohnbauförderung auf den Faktor Arbeit.

7. *Literatur*

Bhattacharyya, Dilip K.: On the economic rationale of estimating the hidden economy. In: Economic Journal, 109. Jg. (1999), H. 456, S. 348–359.

Dixon, Huw: Controversy: On the hidden economy. Editorial introduction. In: Economic Journal, 109. Jg. (1999), H. 456, S. 335–337.

Feige, Edgar L. (Hrsg.): The underground economies. Tax evasion and information distortion. Cambridge-New York-Melbourne 1989.

Forschungsstelle für empirische Sozialökonomik e. V. (Prof. Dr. G. Schmölders): Steuermentalität und Steuermoral der bundesdeutschen Bevölkerung und deren Einstellungen zur ‚Steuerreform 1999'. Köln 2000.

Giles, David E. A.: Measuring the hidden economy: Implications for econometric modelling. In: Economic Journal, 109. Jg. (1999), H. 456, S. 370–380.

Gretschmann, Klaus: Die wirtschaftspolitische Bedeutung der Schattenwirtschaft. In: Verbraucherpolitische Hefte, Jg. 1986, H. 3, S. 117–128.

Hirschman, Albert O.: Abwanderung und Widerspruch: Reaktionen auf Leistungsabfall bei Unternehmen, Organisationen und Staaten. Tübingen 1974.

Hirschman, Albert O.: Wieviel Gemeinsinn braucht die liberale Gesellschaft? In: Leviathan, 22. Jg. (1994), S. 293–304.

Lamnek, Siegfried; *Olbrich*, Gaby; *Schäfer*, Wolfgang: Tatort Sozialstaat. Opladen 2000.

Pommerehne, Werner W.; *Kirchgässner*, Gebhard: Schattenwirtschaft als wirtschafts- und sozialpolitische Herausforderung. In: wisu – Das Wirtschaftsstudium, 23. Jg. (1994), H. 10, S. 848–860.

Schmölders, Günter: Der Beitrag der Schattenwirtschaft. Aus: Küng, Emil (Hrsg.): Wandlungen in Wirtschaft und Gesellschaft. Die Wirtschafts- und Sozialwissenschaften vor neuen Aufgaben. Tübingen 1980, S. 371–379.

Schneider, Friedrich: Estimating the size of the Danish shadow economy using the currency demand approach: An attempt. In: The Scandinavian Journal of Economics, 88. Jg. (1986), H. 4, S. 643–668.

Schneider, Friedrich: Determinanten der Steuerhinterziehung der Schwarzarbeit im internationalen Vergleich. In: Ch. Smekal und E. Theurl (Hrsg.): Stand und Entwicklung der Finanzpsychologie, Baden-Baden 1994, S. 247–288.

Schneider, Friedrich; *Enste*, Dominik (2000a): Schattenwirtschaft und Schwarzarbeit – Umfang, Ursachen, Wirkungen und wirtschaftspolitische Empfehlungen. München 2000.

Schneider, Friedrich; *Enste*, Dominik (2000b): Shadow Economies: Size, Causes and Consequences. In: Journal of Economic Literature, 38. Jg. (March 2000), S. 73–110.

Tanzi, Vito: Uses and abuses of estimates of the underground economy. In: Economic Journal, 109. Jg. (1999), H. 456, S. 338–347.

Thomas, Jim J.: Informal Economic Activity. New York-London-Toronto u. a. 1992.

Thomas, Jim J.: Quantifying the black economy: ‚Measurement without theory‘ yet again? In: Economic Journal, 109. Jg. (1999), H. 456, S. 381–389.

Referenten

Privatdozent Dr. *Jörg Althammer*

Vertretung des Lehrstuhls für Volkswirtschaftslehre mit Schwerpunkt Wirtschafts- und Sozialpolitik

Universität Passau

Professsor Dr. *André Habisch*

Professur für Christliche Gesellschaftslehre

Katholische Universität Eichstätt

Michael Neuhaus

Senior expert, employment conditions

Zentralabteilung Personal Deutschland, Siemens AG, München

Professor Dr. *Friedrich Schneider*

Institut für Volkswirtschaftslehre

Johannes Kepler Universität Linz/Österreich

Professor Dr. *Frank Schulz-Nieswandt*

Seminar für Sozialpolitik

Universität zu Köln

Professor Dr. *Maximilian Wallerath*

Lehrstuhl für Öffentliches Recht, Sozialrecht und Verwaltungslehre

Ernst-Moritz-Arndt-Universität Greifswald

Teilnehmer

Ekkehard *Abele*, Mönchengladbach
Prof. Dr. Arno *Anzenbacher*, Mainz
Dipl.-Theol. Markus *Arnold*, Bonn
Günter *Baadte*, KSZ, Mönchengladbach
Monika *Bartsch*, Oberbürgermeisterin der Stadt Mönchengladbach
Rudolf *Bauer*, Düsseldorf
Prof. Dr. Alois *Baumgartner*, München
Hannelore *Bayer*, Mönchengladbach
Dr. Clemens *Breuer*, Augsburg
Dr. Dr. Ernst *Brüggemann*, Köln
Dipl.-Pol. Manfred *Bunte*, Erkrath
Peter *Clever*, Bonn
Dieter *Dominick*, Mönchengladbach
Prof. Dr. Anton *Düx*, Mönchengladbach
Prof. Dr. Aniela *Dylus*, Warschau/Polen
Ehrw. Schwester *Elvira*, Mönchengladbach
Propst Edmund *Erlemann*, Mönchengladbach
RA Wolfgang *Feinendegen*, Mönchengladbach
P. Jozef *Fekete*, Bratislava/Slowakische Republik
Dipl. Kfm. Georg *Fell*, Köln
Cornelius G. *Fetsch*, Düsseldorf
Prof. Dr. Dr. Karl *Gabriel*, Münster
Dipl.-Theol. Christoph *Giersch*, Bochum
Prof. Dr. Norbert *Glatzel*, Freiburg
Dr. Joachim *Hagel*, Fulda/Erding
Msgr. Rudolf *Hahn*, Grafschaft
Dipl.-Vw. Joseph *Hamacher*, Köln
Ass. Helmut *Harbich*, Mönchengladbach
Dipl.-Ing. Josef *Helmrath*, Mönchengladbach
Prof. Dr. Manfred *Hermanns*, Buchholz
Prof. Dr. Hans-Joachim *Höhn*, Köln
Dipl.-Theol. Joachim *Hoeps*, Mönchengladbach
Prof. Dr. Hannsjosef *Hohn*, Mönchengladbach
Prof. Dr. Thomas *Hoppe*, Hamburg
Udo *Huett*, Bad Honnef

Dr. Hans-J. *Jacobs*, Paderborn
Prof. Dr. Elisabeth *Jünemann*, Paderborn
Dr. Ulrike *Knobloch*, Mönchengladbach
Prof. Dr. Wilhelm *Korff*, München
Prof. Dr. Peter *Koslowski*, Hannover
Dagmar *Krausch*, Mönchengladbach
PD Dr. Gerhard *Kruip*, Odenthal
Gerda *Kunert*, KSZ, Mönchengladbach
Günter *Kunert*, Mönchengladbach
Dr. Peter *Langhorst*, Löningen
Prof. Dr. Albrecht *Langner*, Mönchengladbach
Marlies *Larbig*, Mönchengladbach
Monika *Lennartz*, KSZ, Mönchengladbach
Dr. Elke *Mack*, Bonn
Dr. Heinz J. *Massenkeil*, Mönchengladbach
Ursula *Mauer-Wolters*, Mönchengladbach
Dr. Karl-Georg *Michel*, KSZ, Mönchengladbach
Prof. Dr. Dr. Waldemar *Molinski*, Wuppertal
Dipl.-Theol. Josef *Moutarde*, Bonn
Dr. Annalies *Müller*, Mönchengladbach
Margot *Müller-Schmid*, Mönchengladbach
PD Dr. Peter Paul *Müller-Schmid*, KSZ, Mönchengladbach
Pfarrer Elmar *Nass*, Viersen-Süchteln
Dipl.-Theol. Reinhard *Nixdorf*, Würzburg
PD Dr. Ursula *Nothelle-Wildfeuer*, Bonn
Father Polycarp *Obikwelu*, Bonn
Prof. Dr. Dr. Wolfgang *Ockenfels*, Trier
Wolfgang *Pitz*, Mönchengladbach
Bernhard *Plümpe*, Bonn
Prof. Dr. Heinrich *Pompey*, Freiburg
Prof. Dr. Anton *Rauscher*, KSZ, Mönchengladbach/Augsburg
Prof. Dr. Lothar *Roos*, Bonn
Dipl.-Theol. Alexander *Saberschinsky*, Trier
Dipl.-Kfm. Günter *Schmitz*, Mönchengladbach
Prof. Dr. Franz-Martin *Schmölz*, Salzburg/Österreich
Prof. Dr. Bernd *Schneider*, Mönchengladbach
Prof. Dr. Michael *Schramm*, Erfurt
Ronald F. M. *Schrumpf*, Leinfelden-Echterdingen
Studienrat Walfried *Schubert*, Mönchengladbach

Pfarrer Gottfried *Sommer*, Mönchengladbach
Prof. Dr. Manfred *Spieker*, Osnabrück
Dipl.-Theol. Gerhard *Steger*, Wittnau
Dr. Ireneusz *Stolarczyk*, Tarnow/Polen
Konsul E. h. Wener *Then*, Frankfurt
Prof. Dr. Hans Joachim *Türk*, Nürnberg
Ehrw. Sr. *Vinciana*, Mönchengladbach
Prof. Dr. Joachim *Wiemeyer*, Bochum
Dr. Günter *Wilhelms*, Cloppenburg
Dr. Albert *Wohlfarth*, Passau

Mönchengladbacher Gespräche

Bisher sind erschienen:

Band 1: Christliche Soziallehre unter verschiedenen Gesellschaftssystemen. 1980

Band 2: Soziallehre der Kirche und katholische Verbände. 1980

Band 3: 90 Jahre Rerum novarum. 1982

Band 4: Alternative Ökonomie? 1982

Band 5: Soziale Verantwortung in der Dritten Welt. 1983

Band 6: Die Arbeitsgesellschaft zwischen Sachgesetzlichkeit und Ethik. 1985

Band 7: Menschenrechte und nationale Kultur. 1985

Band 8: Armut im Wohlfahrtsstaat. 1987

Band 9: Mehrheitsprinzip und Minderheitenrecht. 1988

Band 10: Christ und Politik. 1989

Band 11: Dynamik der Wirtschaft. Aspekte und Aufgaben des Strukturwandels. 1990

Band 12: Katholische Soziallehre im politischen und gesellschaftlichen Prozeß. 1990

Band 13: Christliches Menschenbild und soziale Orientierung. 1993

Band 14: Probleme der sozialen Sicherungssysteme. 1993

Band 15: Welche Zukunft hat die Familie? 1995

Band 16: Steuergerechtigkeit. 1995

Band 17: Gesellschaft ohne Grundkonsens? 1997

Band 18: Grundlagen des Sozialstaats. 1998

Band 19: Christliche Soziallehre heute. Probleme, Aufgaben und Perspektiven. 1999

Band 20: Subsidiarität – Strukturprinzip in Staat und Gesellschaft. 2000